国家自然科学基金青年科学基金项目（72001147）：基于专
再制造闭环供应链信息获取及质量披露策略研究

再制造
供应链管理
——信息策略

黄燕婷◎著

知识产权出版社
全国百佳图书出版单位
—北 京—

图书在版编目（CIP）数据

再制造供应链管理：信息策略/黄燕婷著. —北京：知识产权出版社，2025.5. —ISBN 978 - 7 - 5130 - 9892 - 2

Ⅰ. F426.4

中国国家版本馆 CIP 数据核字第 2025VH9768 号

内容提要

为了解决日益增长的废旧产品带来的经济与环境问题，各国政府出台了一系列政策对废旧产品的回收再制造进行管理，许多企业也响应政策积极对废旧产品进行回收再制造。但现阶段的回收再制造过程仍然存在信息不对称问题。因此，本书在以往文献、现实案例以及相关理论的基础上，着眼于信息策略下产品回收再制造的决策研究，将信息策略引入废旧产品的回收再制造中，考虑技术许可、渠道入侵、学习效应、企业社会责任等因素，对信息策略在再制造供应链中的影响进行系统研究。

责任编辑：韩　冰		责任校对：潘凤越	
封面设计：邵建文　马倬麟		责任印制：孙婷婷	

再制造供应链管理

——信息策略

黄燕婷　著

出版发行： 知识产权出版社 有限责任公司	网　　址：http://www.ipph.cn
社　　址：北京市海淀区气象路 50 号院	邮　　编：100081
责编电话：010 - 82000860 转 8126	责编邮箱：83930393@ qq. com
发行电话：010 - 82000860 转 8101/8102	发行传真：010 - 82000893/82005070/82000270
印　　刷：北京九州迅驰传媒文化有限公司	经　　销：新华书店、各大网上书店及相关专业书店
开　　本：720mm×1000mm　1/16	印　　张：14.5
版　　次：2025 年 5 月第 1 版	印　　次：2025 年 5 月第 1 次印刷
字　　数：202 千字	定　　价：89.00 元

ISBN 978 - 7 - 5130 - 9892 - 2

目　录

第 1 章

绪　论

1.1 研究背景

随着数字经济的快速发展以及科学技术的不断进步，全球市场竞争日益激烈，企业不断推陈出新，产品的迭代速度越来越快，使产品生命周期显著缩短，大量产品在使用寿命未终结时被淘汰，导致全球的废旧产品数量不断增加。联合国环境规划署的数据显示，全球电子垃圾的年产生量为5000 万吨，预计到 2030 年将达到 7470 万吨，2050 年将增加到 1.2 亿吨。图 1－1 显示了全球电子垃圾产生量的增长趋势。我国 2019 年电子垃圾年产生量为 1010 万吨，占全球电子垃圾总量的 38%，预计到 2030 年我国电子垃圾年产生量将达到 2700 万吨。相关研究表明，如果不对与日俱增的废旧产品进行回收处理，将会造成较大的经济损失与环境污染[1]。联合国环境规划署的数据显示，预计到 2050 年，每年产生的城市固体废弃物将造成 6403亿美元的损失。《全球电子垃圾监测》报告显示，在 2022 年全球产生的6200 万吨电子垃圾中，约 1400 万吨被非法倾倒至垃圾场，一些有害化学物质暴露在外，对人体健康和环境都会造成极大的危害。由此可见，如何对废旧产品进行处理显得尤其重要。然而，全球废旧产品的回收率并不高。《全球电子垃圾监测》报告显示，2022

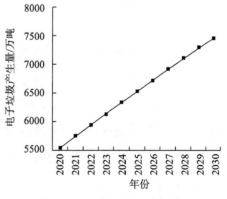

图 1－1 全球电子垃圾产生量

年全球仅22.3%的电子垃圾被回收并利用。预计到2030年，全球电子垃圾回收率将降至20%。电子垃圾产生速度越来越快，而回收量却并不理想。因此，解决废旧产品对经济和环境造成的影响成为现阶段各国急需考虑的问题。

为了解决日益增长的废旧产品带来的经济与环境问题，世界各国出台了相应的法律法规对废旧产品进行管理。欧洲的生产者责任延伸（Extended Producer Responsibility，EPR）政策明确要求制造商对其产品的整个生命周期负责，包括废旧产品的回收和处理；欧盟通过的《废弃电子电气设备指令》（Waste Electrical and Electronic Equipment Directive，WEEE指令）严格规定生产商应回收其废旧的电子产品，相关的回收企业需要在国家生产者登记册上注册记录收集到的回收材料信息；日本《废旧机动车回收再利用法》建立了电子清单制度，对回收费用和信息进行透明化管理，并鼓励多方主体（包括经销商、回收商和制造商等）共同参与废旧机动车的回收；我国在2023年和2024年相继出台了《工业和信息化部等八部门关于加快传统制造业转型升级的指导意见》《国务院办公厅关于加快构建废弃物循环利用体系的意见》等政策，要求加强回收行业管理和技术创新，推动废旧基建物资回收行业向高质量发展。在政策的推动下，许多企业积极对废旧产品进行回收和再制造。例如，苹果公司在2023年回收了近4万吨的电子材料，并通过再利用将1280万台翻新的设备和组件交付给了消费者，从中获取利润①。由此看来，企业界已经开展了废旧产品的回收再制造活动，并通过再制造产品的再销售获得了可观的收益。

尽管废旧产品的回收再制造活动受到政府以及企业的重视，但回收再制造过程中渠道成员的信息不对称问题严重影响了废旧产品的回收效率。首先，在废旧产品的回收流程中，消费者往往未能详尽且真实地向回收商披露废旧产品的使用年限、具体损坏状况等关键信息，阻碍了回收商对回收产品价值

① https：//www.apple.com.cn/environment/#footnote-9.

的准确评估与判定；其次，由于制造商无法与消费者进行直接联系，缺乏市场需求反馈，难以精准把握消费者的偏好与需求变化，进而可能导致产品设计与生产偏离市场需求；最后，在产品的销售环节，若制造商选择隐瞒产品的材料构成信息，尤其是回收材料的使用情况，就会导致其无法向消费者有效传达产品的环保属性与回收再利用价值，进而在销售过程中难以建立消费者对产品品质的信任，最终降低消费者的购买欲望与回收积极性。产品回收信息没有得到充分、准确的共享和传递，就会造成供应链上下游成员无法确认以及把握供应链的整体运作状况。三星公司在 2016 年因电池爆炸问题对 Galaxy Note 7 智能手机进行回收，但由于参与手机回收过程的供应链合作伙伴之间存在信息不对称问题，三星进行的多次召回降低了其企业声誉和回收效率。因此，如何消除供应链成员之间的信息不对称问题至关重要。

信息共享是指组织内部或组织之间传递、交流和共享信息资源的过程，是信息策略的核心内容之一，能够有效解决供应链内信息不对称的问题。首先，在废旧产品回收环节，当存在高效的信息共享平台时，消费者能够便捷、准确地向回收商提供废旧产品的使用年限、损坏程度等详细信息，这使得回收商能够基于全面、真实的数据信息对产品进行精准的价值评估，从而提高回收率；其次，消费者能够通过市场调研、反馈渠道等手段将其需求信息包括对产品功能、设计、材料等方面的偏好传递给制造商，打破了制造商与消费者之间的信息壁垒，使制造商能够迅速响应市场需求变化，增强市场竞争力；最后，在销售过程中，制造商如果公开透明地披露产品材料来源及回收材料使用情况，零售商以此能够向消费者展示产品的环保特性与回收再利用价值，增强消费者对产品品质的信任，从而提升其购买意愿以及回收的积极性。相关研究也表示，供应链成员间的信息共享策略能够有效地解决信息不对称问题，对加强闭环供应链中渠道成员的协调与合作至关重要[2-4]。现实中许多企业与合作伙伴之间进行信息共享，以提升供应链整体效率。例如，海尔智家在 2023 年的战略合作中实现了回收量、回收品类、回收区域等回收信息的实时共享，构建了一个覆盖全国的绿色回收体系，实现了回收量的增长。

综上所述，废旧产品的回收再制造具有一定的经济和环境效益，政府和企业都极其重视废旧产品的回收再利用问题。但供应链中存在信息不对称问题，导致现阶段回收率普遍较低。供应链成员之间的信息共享能够有效解决信息不对称问题，从而提升供应链整体效率。因此，本研究着眼于信息策略下产品回收再制造的决策研究，通过比较不同信息共享情况以及再制造模式下的均衡结果，探讨信息共享对供应链成员定价决策及利润的影响。

1.2　研究意义

1.2.1　理论意义

在信息策略与产品回收再制造领域，尽管已有许多研究成果涌现，但仍然存在若干理论缺口亟待填补。首先，有关信息策略的研究大多聚焦于质量信息等对产品回收的影响，而缺乏综合考虑市场需求预测等其他因素对回收的共同影响。其次，现有研究往往忽略了闭环供应链成员之间的策略互动，如技术许可、渠道入侵等行为。因此，本研究基于斯塔克尔伯格（Stackelberg）博弈理论，以供应链成员利润最大化为目标，探讨信息共享情况下闭环供应链成员中的定价决策，同时进一步研究技术许可、渠道入侵、学习效应、企业社会责任等因素与信息共享对供应链的共同作用，对回收再制造理论进行了补充。具体的理论意义如下。

（1）在不同模式下比较并探讨了信息共享对供应链成员的影响，并且将市场规模分为可确定和不可确定两部分，确定了需求预测在闭环供应链成员定价决策中的重要性，进一步丰富了现有信息策略背景下的回收再制造研究。

（2）在信息共享的背景下，考虑了不同因素对供应链成员的影响，如技术许可、渠道入侵、学习效应、企业社会责任等，在回收再制造中强调了供应链成员间的策略互动，扩展了影响回收再制造的因素，为信息策略的研究提供了有益的见解。

（3）现有研究主要关注需求、质量等信息在供应链中的作用，少有从消费者角度出发关注其隐私信息的保护以及偏好对闭环供应链的影响。本研究将消费者对隐私信息保护的偏好作为参数考虑进模型中，以数学模型的方式证实了隐私信息保护的重要性，拓展并补充了当前有关信息策略的相关研究。

1.2.2 现实意义

在全球资源日益紧张和环境问题日益凸显的背景下，产品回收再制造已成为实现资源循环利用、减少环境污染的重要手段。同时，如何有效利用信息策略来指导产品回收再制造的决策过程，也成为企业提升资源利用效率、增强市场竞争力及促进环境可持续发展的关键。因此，本研究通过深入探讨信息策略下产品回收再制造的决策机制，并结合技术许可、渠道入侵、学习效应、企业社会责任等影响因素，对供应链成员的定价决策与利润进行比较分析。具体的现实意义如下。

（1）在供应链运营管理中，需求通常被划分为确定性和不确定性两类，这种分类也是符合实际情况的。因此，本研究将市场潜在规模设置为随机变量，并且将其分为可确定和不可确定两部分，使研究更贴近现实情况，对研究企业决策具有较强的实际意义。

（2）现实经济活动中往往存在不同类型的经营主体，且具有复杂的回收再制造模式。基于此，本研究建立了不同的再制造模式以及信息分享场景，探讨供应商、制造商、经销商、零售商、第三方制造商等供应链成员的最优定价决策，为其是否进行信息共享以及何时进行共享提供了战略性建议。

（3）在数字经济快速发展的背景下，消费者的个人隐私信息存在更大的泄露风险。在此背景下，本研究探讨了信息保护的作用并分析了隐私信息保护对消费者的影响，为企业如何利用隐私信息保护技术并通过企业社会责任活动来实现经济和环境优化提供了一定的决策参考。

1.3　研究内容与研究方法

1.3.1　研究内容

本研究以回收再制造为背景，探讨不同回收再制造模式下信息共享对供应链成员的定价决策以及利润的影响。本研究着眼于实际中的再制造模式，分别建立制造商再制造、经销商再制造、供应商再制造以及第三方再制造等场景，并探讨不同渠道成员间的信息共享情况。同时，本研究还考虑了技术许可、渠道入侵、学习效应、企业社会责任等影响回收的因素，探讨其与信息共享对供应链的共同作用。不仅如此，本研究从单一渠道回收拓展到双渠道回收，研究了竞争场景下的供应链定价决策。具体的研究内容主要包含以下几个方面。

（1）考虑了信息策略下的闭环供应链回收再制造决策，同时根据实际情况，将技术许可、渠道入侵、学习效应、企业社会责任等其他影响再制造和回收的因素加入供应链中，对不同再制造模式进行比较分析，以探讨供应链的最优再制造模式。

（2）探讨了技术许可下的闭环供应链信息共享策略，并在此基础上考虑了渠道入侵和学习效应对供应链成员的影响，同时对不同的再制造模式进行比较，以得出供应链成员的最优定价决策。

（3）在信息共享的基础上，将单渠道回收再制造拓展为双渠道回收竞争，并探讨不同企业承担社会责任的情况，研究了社会福利最大化的条件，以及成本分摊与收入共享机制如何协调供应链等问题。

1.3.2　研究方法

本研究主要采用了以下两种研究方法。

（1）文献研究法。文献研究法是指对现有的各种文献资料进行收集、鉴别、整理和分析，以探讨和研究目前存在的社会现象以及社会问题，并得出相应的解决方法。本研究通过对现有文献进行整理与深入分析，回顾了闭环供应链中的回收再制造研究、技术许可相关研究、信息策略相关研究等，明确了研究主题与方向。

（2）数学建模法。本研究主要运用了博弈论方法建立了不同的数学模型，探讨信息共享下的产品回收再制造策略、技术许可下考虑制造商入侵和学习效应的信息共享策略，以及企业社会责任下双渠道回收的信息策略问题，通过对不同场景下模型的计算与推导，得出相关利益者的定价和利润。

1.3.3　研究技术路线图

本研究着眼于信息策略即信息共享下闭环供应链中的回收再制造问题，以及探讨信息共享在不同场景下对供应链成员定价决策以及利润的影响。本研究的技术路线图如图 1-2 所示。

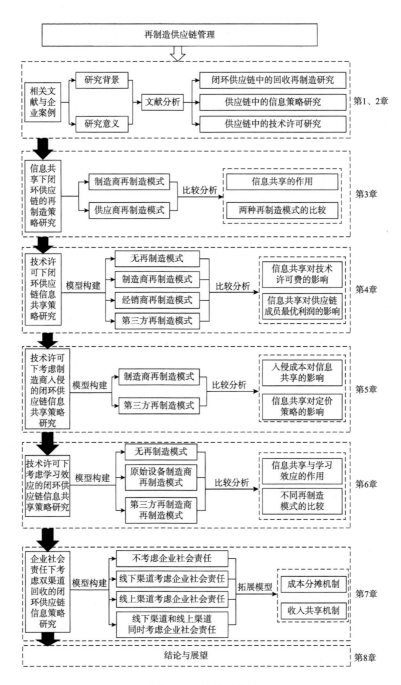

图 1－2　技术路线图

1.4　研究创新

本研究的主要创新点如下。

（1）将信息共享与回收再制造相结合，并基于现实情况分别建立不同渠道成员负责废旧产品回收再制造的闭环供应链决策模型，包括制造商再制造、经销商再制造、第三方再制造以及供应商再制造模型等，进一步研究零售商、经销商等不同供应链成员的信息共享行为对供应链的影响。在此基础上，进一步考虑供应链成员间存在技术许可的情况，并研究渠道入侵、学习效应等其他影响回收的因素对供应链决策的共同影响。现有研究多数聚焦于正向供应链，少有在闭环供应链中考虑供应链成员技术许可的行为。本研究探讨了技术许可在回收再制造中的作用，并考虑了渠道入侵、学习效应、企业社会责任等因素对供应链的影响，对信息共享下闭环供应链的回收再制造策略研究进行了一定的补充。

（2）考虑了竞争企业构建的线下和线上回收渠道以及其价格竞争情况，与现有文献仅考虑渠道竞争不同，本研究探讨了企业社会责任对竞争回收渠道的影响。此外，与以往主要通过实证方式研究隐私信息保护的文献不同，本研究通过构建数学模型将消费者对隐私信息保护的偏好考虑进闭环供应链中。同时，本研究将社会责任对企业的影响和信息保护对消费者的影响相结合，从隐私信息保护的角度探讨双渠道竞争回收中消费者对回收价格差异的敏感性。

第 2 章

基本概念与文献综述

2.1 基本概念

2.1.1 再制造概述

再制造是指将废旧产品恢复到接近或达到与新产品相同的质量和性能的过程。再制造的主要流程包括：①回收：从消费者处回收废旧产品，并对其进行分类、清洗等预处理工作；②检测评估：将废旧产品拆解成单个零部件，并对拆解后的零部件进行检测和评估，将零部件分为可再利用和不可再利用两类；③再制造：对可再利用的零部件进行再制造、再加工或升级，恢复或提升废旧产品的性能，使其接近新产品的性能；④再组装：将经过再制造处理的可再利用零部件重新组装成再制造产品；⑤销售：在市场上销售再制造产品。图 2-1 所示为再制造流程。

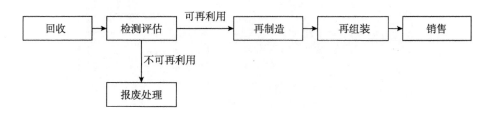

图 2-1 再制造流程

实际生活中，一些企业拥有完善的再制造流程。例如，卡特彼勒公司通过与经销商、租赁公司、终端用户等合作，对废旧工程机械部件和整机进行回收和再制造。这些部件会经过专业的评估团队进行细致的检查和分类，评估其再制造的可行性和经济性。经过评估后适合再制造的部件将会进行拆解和清洗处理，并根据其损坏情况进行修复加工。完成修复和再制造的部件会被送往装配车间进行再装配，然后对其进行功能和耐久性测试等，保证性能和质量后将再制造部件销售给终端用户或经销商。通过再制造活动，卡特彼勒公司的销售量和收入增长了25%[①]。

2.1.2　闭环供应链

闭环供应链是指企业从采购到最终销售的完整流程，即在传统正向供应链的基础上，增加了废旧产品回收、再处理等环节，最终形成一个完整的闭环系统。其中，正向供应链主要包括制造商的原材料采购和生产、零售商的销售等环节，逆向供应链包括废旧产品回收、运输（逆向物流）、检测、再制造等环节。图2-2所示为闭环供应链的基本流程。

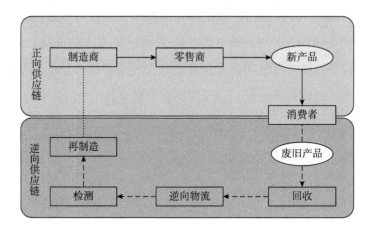

图2-2　闭环供应链流程

---

① https：//www.cat-cn.com/company/aboutus.html.

现实中，一些企业早已建立起完整的闭环供应链系统。宝马汽车通过高效的回收网络和先进的再制造技术，实现了废旧车辆资源的最大化利用。宝马会向车主提供动力电池回收服务。当车辆达到报废阶段或电池性能下降时，车主可以将电池交回给宝马。电池进入回收流程后，宝马会对电池进行体检、分离、拆卸、分类，以及扫码上传电池的序列号、生产日期、使用状况等信息。接着这些废旧电池会被运输到与宝马合作的原材料回收供应商处，他们根据电池的剩余容量和状态等对其进行分类。对于剩余容量较高的退役电池，宝马会将其继续应用于储能及叉车等领域，实现梯次利用。对于无法继续使用的电池，则会进行拆解和原材料回收。同时，经废旧电池回收提炼出的金属等会被应用于新车的零部件制造中，实现了动力电池的回收①。

2.1.3　博弈理论

博弈论又称为对策论，其利用数学模型研究理性决策者之间的战略互动，是一种探索均衡和竞争策略优化的方法[5]。博弈论研究的是决策者在某种竞争场合下如何做出决策，即参加竞争的各方为了自己的利益而采取的应对对方的策略。这种策略的选择是在一定的游戏规则约束下，基于直接相互作用的环境条件，各参与者依据所掌握的信息进行的，其目的是实现利益最大化。博弈论通过构建博弈模型，预测在给定条件下，理性的参与者会如何行动。这涉及对参与者策略选择的预测，以及这些策略如何影响博弈的结果。博弈论致力于寻找博弈的均衡点，即所有参与者都没有动机改变其策略的状态。这种均衡状态可以是纳什均衡、优势策略均衡等。在这些均衡点上，博弈的结果相对稳定，可以为决策者提供有价值的参考。博弈论还关注如何优化参与者的策略选择，以在竞争中获得更大的利益。

---

①　https：//baijiahao. baidu. com/s?id = 1786695136582661462&wfr = spider&for = pc.

通过分析和比较不同策略下的收益和成本，博弈论可以帮助参与者做出更明智的决策。

博弈论中主要包含几个重要的要素，即局中人、策略和得失。其中，局中人也可称为参与人，指的是供应链中的各个企业或组织，如供应商、制造商、经销商和零售商等。这些参与人在供应链中扮演着不同的角色，并有着各自的利益和目标。策略是指每个参与人都有一系列可选的策略或行动方案。得失是一个衡量参与人从各种策略组合中获得的收益或效用，在供应链中通常表现为利润等。产品回收和再制造的决策往往涉及多个利益相关者，如供应商、制造商、零售商、回收商等，他们之间的决策相互影响，会形成复杂的博弈关系。

2.2　国内外研究现状

2.2.1　闭环供应链中的回收再制造研究

回收再制造对资源循环利用与环境保护至关重要，是实现可持续发展的重要途径。许多学者在此背景下研究不同回收模式对闭环供应链的影响。Savaskan 等[6]首先提出了三种回收模式，包括零售商回收、制造商回收和第三方回收，并发现零售商回收对制造商是最优的。Choi 等[7]研究了不同渠道成员领导下的供应链渠道绩效，并表明零售商主导的模式对闭环供应链是最有效的。Atasu 等[8]进一步开发了回收成本函数以比较三种回收模式，发现如果规模效应足够强，零售商回收模式将是最优的，否则制造商回收模式最优。在闭环供应链中，合作与竞争始终并存且互为驱动力，共同影响着资源循环利用的效率与效益。Savaskan 和 Van Wassenhove[9]构建了存在两个相互竞争的零售商的场景，并分析了直接渠道和间接渠道的回收效果。研究表明，由于批发价格较低，零售商会偏好直接回收渠道，而制造商会偏好间接回收渠道。魏骊晓和李登峰[10]构建了一个非合作—合作的两型回收博弈模型，探讨了押金返还制度对供应链成员定价以及利润的影响，他们认为政府押金的设置需要综合考虑新材料成本、产品间的替代性等因素。

随着电子电气产品更新换代速度的加快，废弃电子电气产品的增加对环境构成了威胁，如何对其进行有效回收成为许多学者关注的问题。目前关于废弃电子电气设备回收的研究主要聚焦于回收主体的不同[11-13]。一些学者从政府角度出发进行研究，Zhang 等[14]研究了由制造商、零售商和第三方回收商组成的闭环供应链，他们认为政府资金政策参数达到一定范围时，可以增加供应链成员的利润，促进废旧电子电气产品的回收和再制造。Zheng 等[15]利用系统动力学构建 WEEE 风险控制模型，发现当政府同时采用基金补贴和绿色低碳战略时，风险缓解最为明显。Wang 等[16]研究了制造商和回收商的责任分配问题，并指出政府的奖惩机制能够促进回收。王方等[17]在政府监管的背景下，研究信息敏感型电子废弃物回收的影响因素，发现高消费者信息敏感程度和政府监管水平有利于正规回收渠道即遵循规范流程进行回收渠道的发展。王竟竟和许民利[18]考虑了梯队优势在回收中的作用，梯队优势是指企业在行业中根据技术实力、市场份额等方面形成不同层级或梯队，梯队中占主导地位的参与者领导同一层级其他参与者的情况，研究了闭环供应链的最优定价决策和回收努力水平，发现梯队优势对制造商有利而对零售商和回收商不利。高攀等[19]基于双边市场理论，研究了多重网络外部性对回收的影响，发现交叉网络外部性对废旧电子电气产品回收具有正向效用。

不少学者将研究重点放在消费者上，探讨其在回收过程中的行为。Rahman 和 Subramanian[20]认为，资源的可用性、回收目标的协调和回收量是影响回收进程的关键因素，回收价格和消费者的需求是推动回收进程的主要因素。Govindan 和 Popuic[21]考虑了消费者回收意愿和收入共享合同在供应链中的作用，他们发现在收入共享合同的协调下，供应链总体利润会提高。Feng 等[22]建立了线下回收渠道、线上回收渠道和双渠道回收三种回收渠道，并考虑了消费者对线上回收渠道的偏好，研究发现双渠道回收总是优于单渠道回收。Zhang F‒Q 和 Zhang R‒Y[23]研究了消费者购买行为和再制造活动如何对经济和环境造成影响，并表明当存在近乎短视的消费者时，经济效益和环境效益都会得到提高。He 等[24]研究了消费者的直观印象如何影响闭环供应链中的不同回收渠道。研究表明，与授权机制相比，闭环供应链在契约机制下可以获得最优的回收效率。王文宾等[25]研究了奖惩机制在政府、制造商和回收商的演化博弈模型中的作用，他们认为政府可以通过设置不同的奖惩力度参数来促进供应链有效回收。Li 等[26]构建了一个由制造商、回收商和政府组成的三方进化博弈模型，以评估治理机制在废弃电子电气设备回收中的效果。研究表明，政府应建立适当的回收处置基金征收和补贴标准，形成适当的奖惩机制，以促进其回收的发展。

在消费者环境意识、政府法规、竞争市场和全球变暖挑战的推动下，企业社会责任逐渐被供应链成员重视[27‒29]。Zheng 等[30]的研究表明，当回收商对市场需求预测持悲观态度时，信息共享将激励再制造商提高其环境责任水平。Wang 等[31]构建了不同的渠道权力结构下制造商、零售商和第三方回收商的信息共享模型，研究发现闭环供应链信息的价值取决于企业社会责任水平。部分学者考虑了企业竞争对社会责任的影响。刘珊等[32]认为适度竞争可以促进企业社会责任投入水平以及收益水平的提高。Liu 等[33]对基于闭环供应链中存在两个竞争零售商的企业社会责任投资进行了研究，发现考虑企业社会责任有助于提高闭环供应链的整体绩效。一些学者研究了政府补贴对企业社会责任的影响。Wang 等[34]探讨了政府补贴、企业社会责任系数和公平关注对决策的影响，发现企业社会责任行为和公平关注都会增加消费者剩余和零售商利润，但会损害对行业具有重大贡献企业的利润。Mondal 等[35]考虑了企业社会责任和政府补贴对闭环供应链的共同影响，研究发现当零售商考虑企业社会责任时，政府补贴能够在很大程度上提升闭环供应链的绩效。姚锋敏等[36]考虑供应链成员承担企业社会责任模式对定价策略的影响，发现供应链成员的企业社会责任行为有利于降低产品价格，提高零售商的产品需求及废旧产品的回收效果，增加总体的经济效益与社会效益。唐娟等[37]对不同契约机制下考虑企业社会责任的闭环供应链进行研究，发现回收渠道建设投资规模和制造商企业社会责任投资规模参数会影响供应链成员对不同契约的选择。

同时，在闭环供应链中，企业人员能够通过互相学习提高效率，降低单位成本。目前有关学习效应的研究主要集中在再制造的生产和分销活动上。Jaber 和 El Saadany[38]探讨了学习行为对生产和再制造的影响，并指出学习模型可以优化库存管理以及平衡制造和分销活动，尤其是当学习率超过一定阈值时，能够大幅度地降低再制造成本。随后，Giri 和 Glock[39]研究了学习和遗忘行为如何影响闭环供应链中的制造和检测过程，并得出更高的学习效应将导致更高的回收率，提高市场上二手产品的价格，同时能够减少资源浪费，保护环境。Giri 和 Masanta[40]在随机环境中指出生产中的学习行为在闭环供应链的最优决策中起着积极作用，同样证明了学习效应能够提高经济效益和环境效益。吴岩等[41]研究了制造商通过可复用物流容器将产品送至单个零售商的闭环供应链，发现工人操作过程中的学习效应能够降低可复用物流容器丢弃率，节约总成本，并认为企业可对认真进行经验总结学习的员工给予奖励，以提高其积极性。Chen 和 Chang[42]研究了扩散效应和学习效应对城市固体废物回收的影响，发现扩散效应和学习效应的交互作用对城市生活垃圾回收绩效具有正向影响。

随着回收市场竞争越发激烈，许多企业逐渐关注双渠道回收以提高市场竞争力。一些学者就双渠道闭环供应链问题进行了探讨。王桐远等[43]研究了不同信息分享模式下双渠道闭环供应链的决策，认为供应链成员对信息分享模式的偏好与规模不经济程度和回收效率有关。刘珊等[32]在双渠道回收中考虑企业社会责任，认为企业社会责任投入可以有效提高市场需求、回收率以及供应链利润，尤其是零售商企业社会责任投入模式能够进一步促进供应链总利润的提高。Pal和Sarkar[44]研究了双渠道的绿色供应链，发现闭环供应链的利润往往随着改善绿色创新和促销努力的提高而增加。Qu等[45]基于双渠道回收性能的提高进行了研究，发现政府的奖惩制度能够提高闭环供应链的整体利润。一些学者研究了回收竞争对闭环供应链的影响。Guo等[46]基于减排研究了存在不同回收渠道的竞争回收供应链，认为制造商主导的回收竞争结构能最大限度地提高经济效益和环境效益。卿前恺等[47]构建了一个制造商和电商平台的双渠道闭环供应链，发现不同销售渠道的替代程度会影响制造商对不同合同的偏好。潘文军和缪林[48]考虑跨渠道退货率以及消费渠道偏好对闭环供应链的影响，他们认为跨渠道退货率的上升能够降低成本，提升供应链整体利润。Sun等[49]比较了废旧动力电池领域中制造商和零售商构建的单一回收模式和混合回收模式，表明回收渠道中的竞争系数对整个闭环供应链有很大的影响。

上述文献认为企业社会责任、学习效应、渠道入侵等会对回收再制造产生影响，实际上，成本结构、政府补贴机制、供应链成员的偏好与努力等因素也会影响闭环供应链。Chuang等[50]将三种回收渠道应用于生命周期短和需求不稳定的高科技产品中，并表明制造商的最佳回收选择应取决于产品回收的成本结构。丁军飞等[51]研究了新能源汽车零部件再制造闭环供应链的最优回收分担机制，认为相比于电池回收商，汽车制造商更应该进行成本分担，以提高供应链成员的利润以及社会福利。Mitra和Webster[52]研究政府补贴对再制造活动的影响，发现制造商在获得补贴时更有动力去设计可再制造的产品。夏西强等[53]基于历史排放法和基准法两种碳配额分配方式，研究政府补贴方式对再制造的影响，发现当政府补贴预算一定时，基准法更有利于整体低碳市场容量的扩大，而历史排放法更有利于同时激励供应链内原始制造商和再制造商低碳生产。Esmaeili 等[54]分析了代理人在回收活动中的行为，并表明再制造从长期来看对企业是有利可图的。Kovach 等[55]研究了销售人员激励对再制造战略的影响，并证明了新产品和再制造产品的差异化可以为企业带来利润增长。代业明和于双[56]探讨了零售商公平偏好行为与损失厌恶行为对定价决策的影响，发现零售商的行为偏好不会对新产品与再制造品的零售价格造成影响，但会提高其批发价格。Taleizadeh 等[57]考虑了闭环供应链中的碳减排、回收政策和质量改进努力，并表明随着退税价格的提高，碳减排和质量改进的效果以及供应链的利润都可以得到改善。Turki 等[58]考虑了含随机的机器故障和碳排放约束在内的工业限制，分析了各自对应的最优库存和制造/再制造策略。Li 等[59]将产品质量改进与再制造相结合，认为产品质量改进有助于提高新产品的吸引力。

2.2.2　供应链中的信息策略研究

在供应链中，信息共享能够增强供应链灵活性、透明度及协同效率，提高供应链成员的市场响应速度与竞争力。国内外学者对正向供应链中的信息共享进行了大量探讨。Lee 等[60]研究了零售商向供应商共享需求信息的情形，同时还研究了如何来量化信息共享的价值。但斌等[61]分析了生鲜供应链中的信息共享策略，认为产品新鲜弹性与转移支付契约等能够促进供应链成员进行信息共享。Shang 等[62]研究了零售商无信息披露、与一个制造商披露信息以及同时与两个制造商披露信息的情况，并表明零售商共享信息的意愿取决于生产成本、竞争强度和合同方案。Liu 等[63]研究了信息不对称下存在风险规避的双渠道供应链，研究表明当制造商高估了零售商的风险厌恶值时，如果零售商与制造商分享其风险厌恶信息，那么零售商的预期利润将会降低，但在完全信息的情况下整个供应链的预期利润会提高。郑本荣[64]分析了信息不对称下专利技术提供商最优专利授权合同设计策略及制造商技术投资对供应链产生的影响，发现当满足特定条件时，制造商愿意向专利技术提供商披露信息，从而实现双赢。Zhu[65]在完全信息和不完全信息的情况下考虑成本、质量和上市时间对供应链的影响，发现由于供应商的毛利将随着单位成本的增加而降低，因此高成本的供应商会降低与质量相关的成本，延长上市时间以获得更高的利润。Cheong 和 Song[66]发现部分供应风险信息有助于确定常规订货数量，而需要更多关于随机优势条件的信息才能增加整体利润。部分学者探讨了竞争情况下的信息共享问题。Yao 等[67]探讨了两个相互竞争的零售商与供应商共享成本信息的情况，并认为信息共享总是对供应商有益的。Shamir 和 Shin[68]研究了零售商与制造商及其竞争对手共享预测信息的动机，发现企业和消费者都可以从信息共享中获得更多利润。张雪峰等[69]探讨了零售商的渠道成本信息共享行为对制造商入侵的影响，认为在零售商的转销成本适中时，零售商愿意与制造商共享信息使得双方都获利。黄河等[70]研究了政府补贴和成本分担对信息共享的影响，发现零售商的信息共享意愿随着政府补贴的增加而增强。苏秦和张文博[71]则分析了区块链下的供应链质量信息共享策略，他们认为质量信息共享对信息获得者总是有好处的，能够为其带来正向的直接效应或溢出效应。

上述文献主要讨论正向供应链的信息策略，一些学者则探讨了信息策略在逆向供应链中的应用。Hosoda 等[72]研究了再制造商与制造商共享产品收益信息的情况，发现信息共享对闭环供应链绩效的影响取决于交货时间、随机产量以及与需求和退货相关的因素。石纯来等[73]研究了零售商市场需求信息分享的情况，发现较低的回收率会造成供应链间信息不分享，而较高的旧产品回收率能够促使零售商分享信息。同时，信息分享对供应链整体利润的影响取决于渠道间竞争强度、零售商市场份额以及旧产品回收效率。Wang 等[74]考虑到政府的干预，描述了零售商在信息筛选合同下向制造商披露回收努力水平信息的情景，并研究了奖惩机制对闭环供应链的影响。

他们认为，奖惩机制能够降低批发价格，提高回购价格。Zhang 等[75]研究了零售商在闭环供应链中根据两部分契约和回收努力度契约与制造商共享成本信息的场景，发现两部分契约对零售商来说是一种更好的激励机制，可以在再制造业务的经济效益较小时激励其回收二手产品。Teunter 等[76]将消费者需求的变化分为不变和结构性两种类型，研究发现当需求是随机变化以及零售商对消费者需求发生变化做出的响应较为迟缓时，信息共享对其是不利的。考虑到逆向物流中的信息共享行为，Huang 和 Wang[77]认为信息共享可以帮助原始设备制造商和第三方再制造商获得利润增长。

随着数字经济的发展，消费者逐渐重视个人隐私信息的保护，企业也发现对消费者隐私信息进行保护能够增加经济收益[78-81]。一些学者对隐私数据保护在产品销售过程中的作用进行了研究。Mousavizadeh 等[82]通过实验证明，信息隐私保护可以有效缓解隐私问题，从而提高消费者的感知利益。Choi 等[83]研究了网络社交中个人尴尬信息曝光的影响，发现信息传播和网络共同性能够共同影响个体的感知隐私侵犯和感知关系联结。Bowie 和 Jamal[84]通过实验测试企业隐私法规的有效性，并验证了被客户认为更安全和更值得信赖的企业将具有更大的竞争优势。Lee 等[85]探讨了信息隐私保护对社会福利以及企业竞争力的影响，发现为消费者提供个性化服务的企业进行隐私保护可以提高社会福利。何向等[86]关注隐私信息共享引起的广告投放策略问题，研究发现消费者所共享的隐私信息在一定程度上能够促使商家提高产品定价，从而增加企业利润。关于回收过程中的信息隐私保护，Krumay[87]开发了一个显示隐私意识、数据保护措施等之间关系的框架，发现消费者对可回收产品的数据信息保护意识是回收过程的关键。Wang 等[16]基于物流模型和库存模型对中国废弃手机的回收进行了调查，发现制约手机回收的主要因素是信息安全。同样，Liu 等[88]基于问卷调查，评估了中国消费者的回收行为，发现手机回收的最大障碍是信息泄露，这导致了三分之一的废旧手机被闲置而得不到有效处理。

2.2.3　供应链中的技术许可研究

技术许可能够使供应链提升创新收益并促进供应链协调，供应链成员也开始将技术许可应用到实际中。在此背景下，一些学者对供应链中的技术许可展开了研究。王玉燕和张晓真[89]基于技术专利许可探讨职业经理人的引入对新能源汽车供应链的影响，认为供应商和制造商都引入职业经理人对创新水平和市场需求有激励作用。陈婷等[90]主要探讨了专利中间商的技术许可问题，发现专利创新程度、网络外部性强度会影响企业技术许可决策，同时企业能够通过专利许可策略协调与对手企业的竞合关系。Zhao等[91]研究了网络效应中的三种许可合同：固定收费、特许权收费以及双重收费，并指出当网络效应明显时，从许可方和社会的角度来看，双重收费的许可合同是最优的。同样基于网络效应的研究背景，陈婷和侯文华[92]考虑了原始设备制造商对上游合同制造商的技术许可占优策略，认为只有当原始设备制造商的品牌优势较小且许可费率适中时，技术许可才是均衡策略。Savva 和 Taneri[93]研究了大学和企业中的技术转让形式，发现特许权收费形式优于固定收费形式。还有一些学者主要研究技术许可的契约协调问题。Sen 和 Stamatopoulos[94]分析了专利权拥有者通过结合特许权收费和双重收费两种许可形式将能降低成本的技术授权给竞争对手的情况，并表明最优技术许可策略取决于成本函数的形式。金亮和朱颖[95]研究了信息不对称下技术供应链专利许可合同设计问题，认为固定收费或双重收费形式的专利许可合同是技术供应商的最优选择。

上述关于技术许可的研究主要集中在正向供应链，部分研究则关注逆向供应链中的技术许可。Oraiopoulos 等[96]介绍了原始设备制造商通过在二级市场收取许可费的方式授权第三方再制造商进行再制造活动的案例。一些学者认为技术许可会影响供应链成员的定价决策。Xie 等[97]研究了不同回收模式的供应链运营策略以及专利许可策略，发现当原始制造商采用固定收费的专利许可策略时会提高废旧产品的回收价格。Mondal 等[98]研究讨论了随机市场需求下与供应商合作的混合闭环供应链管理混合生产系统，认为共享技术许可能够减少产品的运输成本以及污染排放。部分学者对技术许可的不同形式进行了研究。Hong 等[99]比较了再制造模式下的固定收费和特许权收费许可，指出在消费者剩余和环境绩效方面，特许权收费许可比固定收费许可更有利。Rau 等[100]考虑了相同的独立再制造商供应链系统之间的竞争以及技术许可策略，同样发现与固定收费许可策略相比，特许权收费许可是更好的技术许可策略。程晋石等[101]研究了技术许可交易组合问题，发现虽然再制造商的新产品技术许可费能够增加再制造商的利润，但就经济效益和环境效益来看，只针对再制造商的再制造品实施技术许可交易是最优的。Liu 等[102]考察了企业的最佳生产策略和最佳技术合作模式，认为无论再制造产品在专利许可之前的质量水平如何，两部分关税许可始终是原始设备制造商的最佳专利许可策略。

2.2.4　文献述评

现阶段许多学者针对闭环供应链中的回收模式及影响因素、定价决策等进行了研究，也有一些学者研究闭环供应链中的技术许可及信息策略问题，学者们主要关注的是渠道成员间信息共享带来的经济效益和社会效益。在现有关于回收再制造决策的研究中，仍然缺少对现实情境的探讨，主要包含以下几个方面。

（1）以往研究已经解决了制造商、零售商或再制造商在进行或不进行信息共享的情况下回收和再制造活动的情况，并未将技术许可、渠道入侵、学习效应、企业社会责任等其他影响再制造回收和信息共享的因素加入供应链中。

（2）已有研究探讨了技术许可下的供应链定价策略，但并未在此基础上考虑渠道入侵等情况对供应链成员的影响。同时，关于技术许可的研究多数聚焦于正向供应链，少有关于闭环供应链中技术许可的研究。

（3）在信息共享的研究中，现有文献多数仅考虑渠道竞争，少有文献研究其他影响企业的因素如企业社会责任对回收渠道的影响，也缺少从隐私信息保护和消费者的角度探讨双渠道竞争回收中消费者对回收价格差异的敏感性。

综上所述，本研究将主要从以下几个方面对现有研究进行补充和完善。首先，对信息共享下闭环供应链的再制造策略进行研究，分析并讨论信息共享以及竞争对供应商再制造模式的影响。在此基础上，将技术许可纳入闭环供应链中，研究信息共享和技术许可对供应链的共同影响。其次，探讨渠道入侵、学习效应、企业社会责任等因素是否会进一步改变供应链成员的定价决策以及供应链的整体利润。

第 3 章

信息共享下闭环供应链的再制造策略研究

3.1　问题描述

再制造的定义是一种将使用过的产品恢复到使用寿命的工业过程[103]，包括分类、检查、拆卸、再处理和重新组装等环节。这一过程有助于节约资源、减少垃圾填埋空间以及减轻空气污染[104-105]。再制造对环境效益和经济效益的关键贡献已经在实践和文献中得到了论证[106-108]。复印机、计算机、一次性相机和汽车零部件等行业也已经形成了相对较长的再制造过程，并且已经获得了可观的收益[109-111]。例如，施乐和佳能通过开展再制造活动节省了数百万美元[112-113]。政策上，政府已制定相应的较为严格的法律文件，迫使企业参与废旧产品的回收。例如，WEEE 指令严格规定生产商应回收其废旧的电子产品[104,114]。日本《废旧机动车回收再利用法》要求公众购买以及制造商设计更容易回收的车辆[115]。

由此，再制造活动中出现了三个有趣的问题：①谁应该负责回收和再处理废旧产品[6]？②再制造产品的均衡定价决策是什么[116]？③竞争如何影响合作伙伴定价策略和利润[52]？实际上，原始设备制造商和第三方再制造商都可以负责此类再制造活动[42,117]。通用、施乐、惠普、IBM、卡特彼勒等众多原始设备制造商已经开始参与再制造活动。现有研究指出，许多第三方再制造商也参与了再制造过程[1]。然而在一些情况下，由于存在高昂的生产成本和逆向物流成本，许多原始设备制造商没有动力进行再制造。同时，原始设备制造商认为第三方再制造商生产的再制造产品将会侵蚀其新产品的销售份额[118]。在现实生活中，供应商也会负责生产新产品和再制造产品。例如，大多数中国汽车制造商无法制造高质量的汽车发动机和变速箱，也没有能力重新制造这些关键部件，因此关键零部件供应商将会参与再制造过程。

大多数研究假设所有的成员都知道完整的信息，并根据他们对信息对称性的观点进行决策[119-121]。然而在实践中，每个成员通常都可以访问私有信息，而供应链中的其他成员对这些信息一无所知[122]。三得利作为日本最大的食品和饮料企业之一，在使用再生聚对苯二甲酸乙二醇酯瓶时并没有向消费者透露产品的退货原因、退货数量以及退货时间等信息[72]。这种信息不对称的情况往往会影响企业生产的效率和效益。为了克服这些障碍，许多企业已经提出了一些方案，如协同规划、预测和补充等，以促进供应链成员之间需求预测信息共享[123]。此外，相关研究还发现信息共享能够提高供应链绩效，增加企业收益[124-125]。

本章假设靠近市场的零售商首先获取市场需求信息，然后决定是否与其他供应链成员（制造商和供应商）共享该信息。这种考虑在文献中被广泛采用[60,68]。例如，关键零部件供应商三洋为制造商联想提供组装电脑的电池，联想在获得零售商的市场分析报告后，以适当的价格回收二手电脑和相关关键部件。直观地说，假设联想成功地从二手电脑中回收了一些电池，就会减少对三洋电池的购买。因此，联想的回收行为给电池供应商三洋带来了竞争威胁。此外，在实际情况中也发生了类似的竞争，例如，来自汽车制造商的再制造产品将侵蚀来自关键零部件供应商的发动机销售。

虽然有证据表明在闭环供应链中存在供应商再制造和信息共享之间的结合，但尚未进行过相关系统的研究。因此，本章将信息共享加入制造商再制造和供应商再制造场景中，并探讨信息共享在供应商再制造中对供应链成员定价策略和利润的影响。本章比较了制造商再制造和供应商再制造模式，并分析了信息共享的价值，探讨了不同供应链成员的最优信息共享策略。

3.2　模型假设与符号说明

本章考虑了由一个供应商、一个制造商和一个零售商组成的供应链，分析了信息共享对供应链成员定价策略和利润的影响。首先研究了制造商在四种信息共享模式下进行再制造活动的场景，即无信息共享［模型 M – R，见图3 – 1（a）］、零售商与制造商共享信息［模型 M – R – M，见图3 – 1（b）］、零售商与供应商共享信息［模型 M – R – S，见图3 – 1（c）］、零售商与制造商和供应商共享信息［模型 M – R – T，见图3 – 1（d）］。同样地，供应商进行再制造的情况也在四种信息共享模式下进行了讨论，包括无信息共享［模型 S – R，见图3 – 1（e）］、零售商与制造商共享信息［模型 S – R – M，见图3 – 1（f）］、零售商与供应商共享信息［模型 S – R – S，见图3 – 1（g）］、零售商与制造商和供应商共享信息［模型 S – R – T，见图3 – 1（h）］。此外，与 Xiong 等[126]的研究相似，本章假设供应商为渠道的领导者，优先进行决策以获得最大利益，而制造商和零售商为追随者，在领导者做出决策后再决定自身策略。

本章的参数符号及说明如表3 – 1所示。其中，$\varPi_i^m$ 和 $E(\varPi_i^m)$ 分别表示模型 m 中供应链成员 i 的利润函数和预期利润。上标 m 代表模型 M – R、模型 M – R – M、模型 M – R – S、模型 M – R – T、模型 S – R、模型 S – R – M、模型 S – R – S、模型 S – R – T，分别表示制造商再制造和供应商再制造模式下无信息共享、零售商与制造商共享信息、零售商与供应商共享信息、零售商与制造商和供应商共享信息四种信息共享情形。下标 i 代表供应商（S）、制造商（M）和零售商（R）。

另外，$\Delta E(\varPi_i^j)$ 为模型 j（$j \in m$）中供应链成员 i 的信息共享价值，上标 j 代表模型 M – R – M、模型 M – R – S、模型 M – R – T、模型 S – R – M、模

型 S – R – S 和模型 S – R – T。例如，$\Delta E(\Pi_S^{S-R-M})$ 表示模型 S – R – M 中供应商的信息共享价值，等于模型 S – R – M 与模型 S – R 中供应商的预期利润之差，即 $\Delta E(\Pi_S^{S-R-M}) = E(\Pi_S^{S-R-M}) - E(\Pi_S^{S-R})$。此外，$\Delta E(\Pi^j)$ 表示模型 j 中整个供应链的信息共享价值，可以通过 $\Delta E(\Pi^j) = \sum\limits_{i=R,M,S} \Delta E(\Pi_i^j)$ 得出。

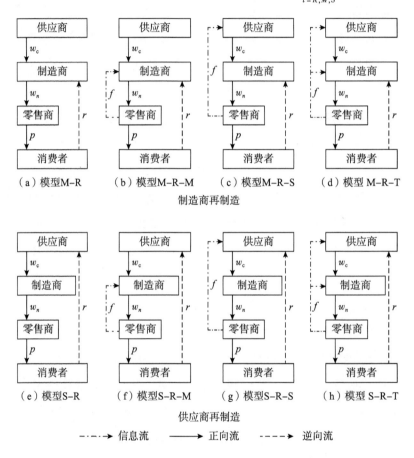

图 3 – 1　信息共享下的制造商再制造与供应商再制造模型

表 3 - 1　参数符号及说明

参数符号	说明
w_n、w_c	产品、零部件的批发价格
p	零售价格
c_n、c_r	制造商生产新产品、再制造产品的成本
c_c、c_d	新零部件、再制造零部件的成本
s_1、s_2	制造商再制造、供应商再制造节省的成本
r	消费者购买废旧产品的价格
D	市场需求
a	市场规模
b	消费者对零售价格的敏感度
G	废旧产品回收量
Π	利润

类似于 Atasu 等[104]的研究，再制造产品或零部件的成本低于新产品或零部件的成本，即 $c_r < c_n$，$c_d < c_c$，$s_1 = c_n - c_r$，$s_2 = c_c - c_d$。例如，与制造新产品相比，卡特彼勒、惠普和施乐的再制造活动节省了 30% ~ 70% 的成本[116]。

与 Savaskan 等[6]、De Giovanni 和 Zaccour[127]的研究一致，假设市场需求是零售价格的线性函数，即 $D(p) = a - bp$，$a > 0$，$b > 0$，$a > bc_n$。此外，基于 Bakal 和 Akcali[128]的研究，回收函数 G 是收购价格 r 的线性函数，表示为 $G(r) = u + vr$（$u > 0$，$v > 0$），其中 u 和 v 分别表示 $r = 0$ 时的供给量和消费者对收购价格的敏感度。其中，收购价格 r 可以理解为投入到产品采购上的努力水平，包括回购、运输、处理、广告成本等[129]。因此，供给函数可以看作收购价格的确定性函数。

在该模型中，市场潜在规模是随机变量，即 $a = a_0 + e$，a_0 和 e 分别代表市场规模的确定部分和不确定部分。此处 e 是一个均值为零、方差为 k 的随机变量；同时，假设零售商可以获得一个需求信号 f，$f = a + \varepsilon$（也称为产品需求信息），其中 ε 为均值为零、方差为 θ 的误差项。上述随机变量 e 和

误差项 ε 均为独立参数。基于 Li[130] 及 Yue 和 Liu[123] 的研究，假设其信息结构如下：

$$E(a \mid f) = \frac{\theta}{k + \theta}a_0 + \frac{k}{k + \theta}f \equiv A$$

$$E((f - a_0)^2) = k + \theta$$

其中，令 $t = k/(k + \theta)$，$0 \leq t \leq 1$，表示零售商的需求预测精度。当需求预测精度达到最高（$t = 1$）时，需求预测值 A 等于实际值 a。同时，当需求预测精度最低（$t = 0$）时，需求预测值 A 与实际值 a 之间存在显著差异。

类似于 Choi 等[7] 的工作，假设所有退回的产品都可以成功地进行再制造和转售。例如，汽车零部件制造商通常专门从事特定零部件的再制造（变速器或发动机），并能够确保回收产品满足质量要求[130]。假设再制造产品或零部件可以与新产品以相同的价格在市场中进行交易，例如，人们很难区分惠普公司的再制造电脑和新电脑之间的区别[131]。

3.3 制造商再制造模式

在这种场景下，供应商从事新零部件的制造，制造商同时承担生产新产品和再制造产品的责任，零售商负责产品的销售。博弈顺序如下：供应商首先决定零部件的批发价格 w_c，制造商决定产品的批发价格 w_n 和收购价格 r，然后零售商选择零售价格 p。

3.3.1 无信息共享模型

在模型 M－R 中，供应链成员之间不存在信息共享，零售商、制造商和供应商的最优预期利润为

$$\underset{p}{Max}E(\Pi_R^{M-R}) = E((p - w_n)(a - bp) \mid f) \tag{3-1}$$

$$\underset{w_n,r}{Max}E(\Pi_M^{M-R}) = E((w_n - c_n - w_c)(D(p) - G(r)) + (w_n - c_r - r)G(r))$$

$$= E((w_n - c_n - w_c)D(p) + (w_c + s_1 - r)G(r)) \quad (3-2)$$

$$\underset{w_c}{Max}E(\Pi_S^{M-R}) = E((w_c - c_c)(D(p) - G(r))) \quad (3-3)$$

最优零售价格 $p^{M-R*} = (A + bw_n)/(2b)$。由于模型 M－R 中没有信息交换，制造商和供应商的预期零售价格 $p^{M-R**} = (a_0 + bw_n)/(2b)$。上标"＊"和"＊＊"分别表示供应链成员的均衡值和期望值。命题 3.1 利用逆向归纳法得到了均衡结果。

命题 3.1　在模型 M－R 中，最优策略为

$$w_c^{M-R*} = \frac{a_0 - bc_n + (b + 2v)c_c - 2vs_1 - 2u}{2b + 4v}$$

$$w_n^{M-R*} = \frac{(3b + 4v)a_0 + (b + 4v)bc_n + b(b + 2v)c_c - 2bvs_1 - 2bu}{4b(b + 2v)}$$

$$r^{M-R*} = \frac{va_0 - bvc_n + 2vs_1(b + v) + v(b + 2v)c_c - 2u(b + 3v)}{4v(b + 2v)}$$

将以上参数值代入式（3－1）～式（3－3），供应链成员的最优预期利润为

$$E(\Pi_R^{M-R*}) = \frac{[(b + 4v)(a_0 - bc_n) - b(b + 2v)c_c + 2bvs_1 + 2bu]^2}{64b(b + 2v)^2} + \frac{kt}{4b}$$

$$E(\Pi_M^{M-R*}) = \frac{[(b + 4v)(a_0 - bc_n) - b(b + 2v)c_c + 2bvs_1 + 2bu]^2}{32b(b + 2v)^2} +$$

$$\frac{[v(a_0 - bc_n) + (b + 2v)vc_c + 2(b + 2v)(u + vs_1)]^2}{16v(b + 2v)^2}$$

$$E(\Pi_S^{M-R*}) = \frac{[a_0 - bc_n - (b + 2v)c_c - 2vs_1 - 2u]^2}{16(b + 2v)}$$

3.3.2　零售商与制造商信息共享模型

如果零售商向制造商透露信息，那么供应链成员的最优预期利润为

37

$$\underset{p}{Max}E(\Pi_R^{M-R-M}) = E((p - w_n)(a - bp) \mid f) \qquad (3-4)$$

$$\underset{w_n,r}{Max}E(\Pi_M^{M-R-M}) = E((w_n - c_n - w_c)(D(p) - G(r)) + (w_n - c_r - r)G(r) \mid f)$$

$$= E((w_n - c_n - w_c)D(p) + (w_c + s_1 - r)G(r) \mid f) \qquad (3-5)$$

$$\underset{w_c}{Max}E(\Pi_S^{M-R-M}) = E((w_c - c_c)(D(p) - G(r))) \qquad (3-6)$$

从一阶条件可以得到最优的零售价格 $p^{M-R-M*} = (A + bw_n)/(2b)$。由于零售商不与供应商共享信息，因此供应商的预期零售价格 $p^{M-R-M**} = (a_0 + bw_n)/(2b)$，然后可以得到产品和零部件的最优批发价格和最优收购价格。

命题 3.2　在模型 M-R-M 中，最优策略为

$$w_c^{M-R-M*} = \frac{2a_0 - A - bc_n + (b+2v)c_c - 2vs_1 - 2u}{2b + 4v}$$

$$w_n^{M-R-M*} = \frac{2ba_0 + (b+4v)A + (b+4v)bc_n + b(b+2v)c_c - 2bvs_1 - 2bu}{4b(b+2v)}$$

$$r^{M-R-M*} = \frac{v(2a_0 - A) - bvc_n + 2vs_1(b+v) + v(b+2v)c_c - 2u(b+3v)}{4v(b+2v)}$$

将以上参数值代入式（3-4）~式（3-6）并简化，可以得到供应链成员的最优预期利润为

$$E(\Pi_R^{M-R-M*}) = \frac{[(b+4v)(a_0 - bc_n) - b(b+2v)c_c + 2bvs_1 + 2bu]^2 + (3b+4v)^2 kt}{64b(b+2v)^2}$$

$$E(\Pi_M^{M-R-M*}) = \frac{[(b+4v)(a_0 - bc_n) - b(b+2v)c_c + 2bvs_1 + 2bu]^2 + (3b+4v)^2 kt}{32b(b+2v)^2} +$$

$$\frac{[v(a_0 - bc_n) + (b+2v)vc_c + 2(b+v)(u + vs_1)]^2 + v^2 kt}{16v(b+2v)^2}$$

$$E(\Pi_S^{M-R-M*}) = \frac{[a_0 - bc_n - (b+2v)c_c - 2vs_1 - 2u]^2 + 5kt}{16(b+2v)}$$

3.3.3　零售商与供应商信息共享模型

在该模型中，零售商更倾向于与供应商而不是与制造商共享信息，供

应链成员的最优预期利润为

$$\underset{p}{Max}E(\Pi_R^{M-R-S}) = E((p - w_n)(a - bp) \mid f) \tag{3-7}$$

$$\underset{w_n,r}{Max}E(\Pi_M^{M-R-S}) = E((w_n - c_n - w_c)(D(p) - G(r)) + (w_n - c_r - r)G(r))$$

$$= E((w_n - c_n - w_c)D(p) + (w_c + s_1 - r)G(r)) \tag{3-8}$$

$$\underset{w_c}{Max}E(\Pi_S^{M-R-S}) = E((w_c - c_c)(D(p) - G(r)) \mid f) \tag{3-9}$$

从一阶条件可以得到最优零售价格 $p^{M-R-S*} = (A + bw_n)/(2b)$ 以及制造商的预期零售价格 $p^{M-R-S**} = (a_0 + bw_n)/(2b)$，进而可以得到产品和零部件的最优批发价格和最优收购价格。

命题 3.3　在模型 M - R - S 中，最优策略为

$$w_c^{M-R-S*} = \frac{2A - a_0 - bc_n + (b + 2v)c_c - 2vs_1 - 2u}{2b + 4v}$$

$$w_n^{M-R-S*} = \frac{(b + 4v)a_0 + 2bA + (b + 4v)bc_n + b(b + 2v)c_c - 2bvs_1 - 2bu}{4b(b + 2v)}$$

$$r^{M-R-S*} = \frac{v(2A - a_0) - bvc_n + 2vs_1(b + v) + v(b + 2v)c_c - 2u(b + 3v)}{4v(b + 2v)}$$

将以上参数值代入式（3-7）～式（3-9），得到供应链成员的最优预期利润为

$$E(\Pi_R^{M-R-S*}) = \frac{[(b + 4v)(a_0 - bc_n) - b(b + 2v)c_c + 2bvs_1 + 2bu]^2 + 4(b + 4v)^2kt}{64b(b + 2v)^2}$$

$$E(\Pi_M^{M-R-S*}) = \frac{[(b + 4v)(a_0 - bc_n) - b(b + 2v)c_c + 2bvs_1 + 2bu]^2 + 4b(3b + 4v)kt}{32b(b + 2v)^2} +$$

$$\frac{[v(a_0 - bc_n) + (b + 2v)vc_c + 2(b + v)(u + vs_1)]^2 + 4v^2kt}{16v(b + 2v)^2}$$

$$E(\Pi_S^{M-R-S*}) = \frac{[a_0 - bc_n - (b + 2v)c_c - 2vs_1 - 2u]^2 + 4kt}{16(b + 2v)}$$

3.3.4　零售商同时与制造商和供应商信息共享模型

该模型研究了零售商将其私人信息向制造商和供应商共享的情况，供

应链成员的最优预期利润为

$$\underset{p}{Max}E(\Pi_R^{M-R-T}) = E((p-w_n)(a-bp) \mid f) \qquad (3-10)$$

$$\underset{w_n,r}{Max}E(\Pi_M^{M-R-T}) = E((w_n-c_n-w_c)(D(p)-G(r)) + (w_n-c_r-r)G(r) \mid f)$$

$$= E((w_n-c_n-w_c)D(p) + (w_c+s_1-r)G(r) \mid f) \qquad (3-11)$$

$$\underset{w_c}{Max}E(\Pi_S^{M-R-T}) = E((w_c-c_c)(D(p)-G(r)) \mid f) \qquad (3-12)$$

随后，最优结果见命题 3.4。

命题 3.4 在模型 M – R – T 中，最优策略为

$$w_c^{M-R-T*} = \frac{A - bc_n + (b+2v)c_c - 2vs_1 - 2u}{2b+4v}$$

$$w_n^{M-R-T*} = \frac{(3b+4v)A + (b+4v)bc_n + b(b+2v)c_c - 2bvs_1 - 2bu}{4b(b+2v)}$$

$$p^{M-R-T*} = \frac{(7b+12v)A + (b+4v)bc_n + b(b+2v)c_c - 2bvs_1 - 2bu}{8b(b+2v)}$$

$$r^{M-R-T*} = \frac{vA - bvc_n + 2vs_1(b+v) + v(b+2v)c_c - 2u(b+3v)}{4v(b+2v)}$$

将以上参数值代入式（3 – 10）~式（3 – 12）并简化，可以得到供应链成员的最优预期利润为

$$E(\Pi_R^{M-R-T*}) = \frac{[(b+4v)(a_0-bc_n) - b(b+2v)c_c + 2bvs_1 + 2bu]^2 + (b+4v)^2kt}{64b(b+2v)^2}$$

$$E(\Pi_M^{M-R-T*}) = \frac{[(b+4v)(a_0-bc_n) - b(b+2v)c_c + 2bvs_1 + 2bu]^2 + (b+4v)^2kt}{32b(b+2v)^2} +$$

$$\frac{[v(a_0-bc_n) + (b+2v)vc_c + 2(b+v)(u+vs_1)]^2 + v^2kt}{16v(b+2v)^2}$$

$$E(\Pi_S^{M-R-T*}) = \frac{[a_0-bc_n-(b+2v)c_c-2vs-2u]^2 + kt}{16(b+2v)}$$

3.4 供应商再制造模式

在这种情况下，供应商负责回收废旧产品并进行再制造活动。制造商

负责新产品的生产，零售商从事新产品的销售。它们之间进行 Stackelberg 博弈。首先，供应商决定零部件的批发价格 w_c 和收购价格 r。其次，制造商决定产品的批发价格 w_n。最后，零售商根据制造商决策制定零售价格 p。

3.4.1　无信息共享模型

本小节考虑了不存在信息共享的情况，零售商、制造商和供应商的最优预期利润为

$$\underset{p}{Max}E(\Pi_R^{S-R}) = E((p - w_n)(a - bp) \mid f) \qquad (3-13)$$

$$\underset{w_n}{Max}E(\Pi_M^{S-R}) = E((w_n - c_n - w_c)D(p)) \qquad (3-14)$$

$$\underset{w_c,r}{Max}E(\Pi_S^{S-R}) = E((w_c - c_c)(D(p) - G(r)) + (w_c - c_d - r)G(r))$$

$$= E((w_c - c_c)D(p) + (s_2 - r)G(r)) \qquad (3-15)$$

最优零售价格 $p^{S-R*} = (A + bw_n)/(2b)$。由于供应链成员之间没有信息共享，因此制造商和供应商的预期零售价格 $p^{S-R**} = (a_0 + bw_n)/(2b)$。通过逆向归纳法，命题 3.5 总结出均衡结果。

命题 3.5　在模型 S-R 中，最优策略为

$$w_c^{S-R*} = \frac{a_0 - bc_n + bc_c}{2b}$$

$$w_n^{S-R*} = \frac{3a_0 + bc_n + bc_c}{4b}$$

$$r^{S-R*} = \frac{vs_2 - u}{2v}$$

将以上参数值代入式（3-13）~式（3-15），可以得到供应链成员的最优预期利润为

$$E(\Pi_R^{S-R*}) = \frac{(a_0 - bc_n - bc_c)^2 + 16kt}{64b}$$

$$E(\Pi_M^{S-R*}) = \frac{(a_0 - bc_n - bc_c)^2}{32b}$$

$$E(\Pi_S^{S-R*}) = \frac{(a_0 - bc_n - bc_c)^2}{16b} + \frac{(vs_2 + u)^2}{4v}$$

3.4.2　零售商与制造商信息共享模型

零售商选择与制造商而不是供应商共享信息，供应链成员的最优预期利润为

$$\underset{p}{Max} E(\Pi_R^{S-R-M}) = E((p - w_n)(a - bp) \mid f) \qquad (3-16)$$

$$\underset{w_n}{Max} E(\Pi_M^{S-R-M}) = E((w_n - c_n - w_c)D(p) \mid f) \qquad (3-17)$$

$$\underset{w_c,r}{Max} E(\Pi_S^{S-R-M}) = E((w_c - c_c)(D(p) - G(r)) + (w_c - c_d - r)G(r))$$

$$= E((w_c - c_c)D(p) + (s_2 - r)G(r)) \qquad (3-18)$$

最优零售价格 $p^{S-R-M*} = (A + bw_n)/(2b)$。由于供应商不知道零售商的需求信息，因此供应商的预期零售价格是 $p^{S-R-M**} = (a_0 + bw_n)/(2b)$。利用逆向归纳法来解决这些问题，并在命题3.6中得到了最优定价策略。

命题3.6　在模型 S-R-M 中，最优策略为

$$w_c^{S-R-M*} = \frac{2a_0 - A - bc_n + bc_c}{2b}$$

$$w_n^{S-R-M*} = \frac{2a_0 + A + bc_n + bc_c}{4b}$$

$$r^{S-R-M*} = \frac{vs_2 - u}{2v}$$

将以上参数值代入式（3-16）~式（3-18），可得供应链成员的最优预期利润为

$$E(\Pi_R^{S-R-M*}) = \frac{(a_0 - bc_n - bc_c)^2 + 9kt}{64b}$$

$$E(\Pi_M^{S-R-M*}) = \frac{(a_0 - bc_n - bc_c)^2 + 9kt}{32b}$$

$$E(\Pi_S^{S-R-M*}) = \frac{(a_0 - bc_n - bc_c)^2 + 5kt}{16b} + \frac{(vs_2 + u)^2}{4v}$$

3.4.3　零售商与供应商信息共享模型

在这种情况下，零售商与供应商共享信息，制造商只能根据自己的判断进行定价决策，零售商、制造商和供应商的最优预期利润为

$$\underset{p}{Max}E(\Pi_R^{S-R-S}) = E((p - w_n)(a - bp) \mid f) \qquad (3-19)$$

$$\underset{w_n}{Max}E(\Pi_M^{S-R-S}) = E((w_n - c_n - w_c)D(p)) \qquad (3-20)$$

$$\underset{w_c,r}{Max}E(\Pi_S^{S-R-S}) = E((w_c - c_c)(D(p) - G(r)) + (w_c - c_d - r)G(r) \mid f)$$

$$= E((w_c - c_c)D(p) + (s_2 - r)G(r) \mid f) \qquad (3-21)$$

通过一阶条件可以得到最优零售价格 $p^{S-R-S*} = (A + bw_n)/(2b)$，以及制造商的预期零售价格 $p^{S-R-S**} = (a_0 + bw_n)/(2b)$。命题 3.7 得出了最优批发价格和最优收购价格。

命题 3.7　在模型 S-R-S 中，最优策略为

$$w_c^{S-R-S*} = \frac{2A - a_0 - bc_n + bc_c}{2b}$$

$$w_n^{S-R-S*} = \frac{a_0 + 2A + bc_n + bc_c}{4b}$$

$$r^{S-R-S*} = \frac{vs_2 - u}{2v}$$

基于命题 3.7，将参数值重新代入式（3-19）~ 式（3-21），得到供应链成员的最优预期利润为

$$E(\Pi_R^{S-R-S*}) = \frac{(a_0 - bc_n - bc_c)^2 + 4kt}{64b}$$

$$E(\Pi_M^{S-R-S*}) = \frac{(a_0 - bc_n - bc_c)^2 + 12kt}{32b}$$

$$E(\Pi_S^{S-R-S*}) = \frac{(a_0 - bc_n - bc_c)^2 + 4kt}{16b} + \frac{(vs_2 + u)^2}{4v}$$

3.4.4　零售商同时与制造商和供应商信息共享模型

在该模型中，供应链成员的最优预期利润为

$$\underset{p}{Max}E(\Pi_R^{S-R-T}) = E((p - w_n)(a - bp) \mid f) \qquad (3-22)$$

$$\underset{w_n}{Max}E(\Pi_M^{S-R-T}) = E((w_n - c_n - w_c)D(p) \mid f) \qquad (3-23)$$

$$\underset{w_c,r}{Max}E(\Pi_S^{S-R-T}) = E((w_c - c_c)(D(p) - G(r)) + (w_c - c_d - r)G(r) \mid f)$$

$$= E((w_c - c_c)D(p) + (s_2 - r)G(r) \mid f) \qquad (3-24)$$

利用逆向归纳法得到均衡结果，并在命题 3.8 中给出了最优价格。

命题 3.8　在模型 S – R – S 中，最优策略为

$$w_c^{S-R-T*} = \frac{A - bc_n + bc_c}{2b}$$

$$w_n^{S-R-T*} = \frac{3A + bc_n + bc_c}{4b}$$

$$p^{S-R-T*} = \frac{7A + bc_n + bc_c}{8b}$$

$$r^{S-R-T*} = \frac{vs_2 - u}{2v}$$

将以上参数值代入式（3 – 22）~式（3 – 24）并简化，可得供应链成员的最优预期利润为

$$E(\Pi_R^{S-R-T*}) = \frac{(a_0 - bc_n - bc_c)^2 + kt}{64b}$$

$$E(\Pi_M^{S-R-T*}) = \frac{(a_0 - bc_n - bc_c)^2 + kt}{32b}$$

$$E(\Pi_S^{S-R-T*}) = \frac{(a_0 - bc_n - bc_c)^2 + kt}{16b} + \frac{(vs_2 + u)^2}{4v}$$

3.5　比较分析

本节将分析信息共享对均衡决策的作用，并对不同再制造模式进行比较。

3.5.1　信息共享的作用

本小节研究了需求预测值 A 和需求预测精度 t 对每个再制造模型最优定价决策的影响，根据附录中附表 3 – 1 和附表 3 – 2 给出的最优价格随需求预测值的变化以及最优利润随需求预测精度的变化，得到相应结果，见表 3 – 2。

表 3 – 2　参数对最优解的影响

模型	M – R	M – R – M	M – R – S	M – R – T	S – R	S – R – M	S – R – S	S – R – T
参数	A							
w_c^*	⊥⊥	↘	↗	↗	⊥	↘	↗	↗
w_n^*	⊥	↗	↗	↗	⊥	↗	↗	↗
p^*	↗	↗	↗	↗	↗	↗	↗	↗
r^*	⊥	↘	↗	↗	⊥	⊥	⊥	⊥
G^*	⊥	↘	↗	↗	⊥	⊥	⊥	⊥
参数	t							
Π_R^*	↗	↗	↗	↗	↗	↗	↗	↗
Π_M^*	⊥	↗	↗	↗	⊥	↗	↗	↗
Π_S^*	⊥	↗	↗	↗	⊥	↗	↗	↗

注：↗表示递增，↘表示递减，⊥表示常数。

从表 3-2 中可以看出，当零售商收到更大的需求预测值 A 时，其总是会提高零售价格，以从销售产品中获得更多的利润。当零售商不分享需求信息时，其他成员的定价策略不会受到不同需求预测值的影响。同时，供应商和制造商在不同的信息共享模式下的定价决策也不同。如果只有制造商收到需求信息，则在制造商再制造和供应商再制造模式下，零部件批发价格都会随着需求预测值的增加而下降，而产品批发价格会增加。一旦供应商收到更高的需求信息（无论制造商是否收到该信息），供应商都会提高零部件的批发价格，以赚取更多的利润，并且产品的批发价格将相应地提高。

在制造商再制造模式下，模型 M-R-M 的收购价格随着需求预测值的增加而下降，而模型 M-R-S 和模型 M-R-T 的收购价格是增加的。在供应商再制造模式下，随着需求预测值的变化，收购价格保持不变。因为再制造零部件会减少新的零部件的销售，同时二手产品的供应量直接取决于收购价格，所以作为渠道领导者的供应商没有动机提高收购价格。

此外，无论是否存在信息共享，零售商的预期利润随着需求预测精度 t 的增大而增加，因为零售商会设定一个适当的价格以获得更高的收入和更高的需求预测准确性。与此同时，在没有信息共享的情况下，制造商和供应商的预期利润与 t 无关，因为制造商和供应商都不知道零售商的私人信息。而在信息共享的情况下，需求预测的准确性有利于提高制造商和供应商的预期利润。随着 t 的增加，共享的需求信息使制造商和供应商从零售商那里收到更精确的需求信息时，能够做出更精准的定价决策。

此外，制造商再制造和供应商再制造模式下四种信息共享情形中的批发价格、零售价格、收购价格和供应链成员利润的比较分析见表 3-3。

表 3 - 3　四种信息共享情形的比较

推论	制造商再制造模式	供应商再制造模式
3.1	如果 $A > a_0$， $w_c^{M-R-S*} > w_c^{M-R-T*} > w_c^{M-R*} > w_c^{M-R-M*}$	如果 $A > a_0$， $w_c^{S-R-S*} > w_c^{S-R-T*} > w_c^{S-R*} > w_c^{S-R-M*}$
3.2	如果 $A > a_0$， $w_n^{M-R-T*} > w_n^{M-R-M*} > w_n^{M-R*}$ $w_n^{M-R-T*} > w_n^{M-R-S*} > w_n^{M-R*}$ $p^{M-R-T*} > p^{M-R-M*} > p^{M-R*}$ $p^{M-R-T*} > p^{M-R-S*} > p^{M-R*}$ 如果 $A > a_0$ 且 $4v > b$， $w_n^{M-R-M*} > w_n^{M-R-S*}$ $p^{M-R-M*} > p^{M-R-S*}$	如果 $A > a_0$， $w_n^{S-R-T*} > w_n^{S-R-S*} > w_n^{S-R-M*} > w_n^{S-R*}$ $p^{S-R-T*} > p^{S-R-S*} > p^{S-R-M*} > p^{S-R*}$
3.3	如果 $A > a_0$， $r^{M-R-S*} > r^{M-R-T*} > r^{M-R*} > r^{M-R-M*}$ $G^{M-R-S*} > G^{M-R-T*} > G^{M-R*} > G^{M-R-M*}$	$r^{S-R*} = r^{S-R-M*} = r^{S-R-S*} = r^{S-R-T*}$ $G^{S-R*} = G^{S-R-M*} = G^{S-R-S*} = G^{S-R-T*}$
3.4	$E(\varPi_R^{M-R*}) > E(\varPi_R^{M-R-M*}) > E(\varPi_R^{M-R-T*})$ $E(\varPi_R^{M-R*}) > E(\varPi_R^{M-R-S*}) > E(\varPi_R^{M-R-T*})$ 如果 $4v > b$， $E(\varPi_R^{M-R-S*}) > E(\varPi_R^{M-R-M*})$	$E(\varPi_R^{S-R*}) > E(\varPi_R^{S-R-M*}) >$ $E(\varPi_R^{S-R-S*}) > E(\varPi_R^{S-R-T*})$
3.5	如果 $b < 8v/11$， $E(\varPi_M^{M-R-M*}) > E(\varPi_M^{M-R-T*}) >$ $E(\varPi_M^{M-R-S*}) > E(\varPi_M^{M-R*})$ 如果 $8v/11 < b < 8v/3$， $E(\varPi_M^{M-R-M*}) > E(\varPi_M^{M-R-S*}) >$ $E(\varPi_M^{M-R-T*}) > E(\varPi_M^{M-R*})$ 如果 $b > 8v/3$， $E(\varPi_M^{M-R-S*}) > E(\varPi_M^{M-R-M*}) >$ $E(\varPi_M^{M-R-T*}) > E(\varPi_M^{M-R*})$	$E(\varPi_M^{S-R-S*}) > E(\varPi_M^{S-R-M*}) >$ $E(\varPi_M^{S-R-T*}) > E(\varPi_M^{S-R*})$
3.6	$E(\varPi_S^{M-R-M*}) > E(\varPi_S^{M-R-S*}) >$ $E(\varPi_S^{M-R-T*}) > E(\varPi_S^{M-R*})$	$E(\varPi_S^{S-R-M*}) > E(\varPi_S^{S-R-S*}) >$ $E(\varPi_S^{S-R-T*}) > E(\varPi_S^{S-R*})$

续表

推论	制造商再制造模式	供应商再制造模式
3.7	$\Delta E(\Pi^{M-R-S*}) > 0$ $\Delta E(\Pi^{M-R-T*}) < 0$ 如果 $b > 17v/62$, $\Delta E(\Pi^{M-R-M*}) > 0$	$\Delta E(\Pi^{S-R-M*}) > \Delta E(\Pi^{S-R-S*}) > 0$ $\Delta E(\Pi^{S-R-T*}) < 0$

推论 3.1 表明，当需求预测值相对较大即 $A > a_0$ 时，在零售商与供应商共享信息的情况下，零部件的批发价格达到最高，而在零售商与制造商共享信息的情况下，批发价格是最低的。考虑到供应商是渠道领导者，供应商可以根据市场信息改变零部件批发价格。一方面，供应商一旦从零售商那里收到更大的需求信息，就会提高零部件的批发价格。另一方面，如果零售商向制造商而不是供应商披露需求信息，供应商将通过降低零部件的批发价格来增加市场需求以应对市场的不确定性。

由推论 3.2 可知，当需求预测值较大时，在相同的再制造模式下，信息共享模型的批发价格和零售价格均高于无信息共享模型。这是因为一个更大的需求预测将吸引制造商和零售商提高销售价格，以获得更多的收入。此外，零售商同时与供应商和制造商共享信息下的批发价格和零售价格会比零售商与供应商或制造商共享信息下的批发价格和零售价格更高，这可以被称为供应链中需求预测值更大时出现的双重价格上涨策略。推论 3.2 也说明，在制造商再制造模式下，如果 $4v > b$ 成立，零售商与制造商共享信息时的零售价格和批发价格高于零售商与供应商共享信息时的零售价格和批发价格。同时，在供应商再制造模式下，与零售商和制造商共享信息的情况相比，零售商和供应商共享信息下的批发价格和零售价格会更高。

由推论 3.3 可知，当需求预测值满足 $A > a_0$ 时，只有供应商接收到信息的情况下收购价格最高，只有制造商接收到信息的情况下收购价格低于其他存在信息共享的制造商再制造模型中的收购价格。不同模型下的收购价格与推论 3.1 中分析的零部件批发价格呈现相同的变化趋势。因为当制造商知道零部件批发价格增加时，其会在逆向流中提高收购价格，以获得更多的利润。而在供应商再制造模式下，供应商同时生产新的零部件和再制造零部件，并且无论信息共享与否，其都没有动力去提高收购价格。

在制造商再制造和供应商再制造两种模式下，如果零售商与任何一个供应链成员共享市场需求信息，零售商的利润肯定会减少。此外，如果零售商与供应商和制造商都共享信息，由于供应商和制造商很快会重新定价，零售商将获得最少的利润。这种现象是文献中普遍存在的[125,132]。这同样解释了需要对零售商进行政府补贴或者设计合同计划来促进供应链运作的原因[133-134]。根据推论 3.2，当 $4v > b$ 成立时，在零售商与供应商而不是制造商分享信息的情况下，零售价格会降低，从而进一步导致需求增加，最终为零售商带来更大的利润，如推论 3.4 所示。这也适用于供应商再制造模式。

由推论 3.5 可知，制造商可以从信息共享中获得利润，这取决于消费者对零售价格的敏感性与消费者对收购价格的敏感性之间的关系。具体来说，如果 $b > 8v/3$，消费者对零售价格的购买敏感性远远大于消费者对购买价格的回收敏感性，那么在只有供应商从零售商那里收到需求信息的情况下，制造商可以分享更多的利润。如果 $b < 8v/11$，制造商可以在自身收到需求信息的情况下分享更多的利润。对于供应商再制造模式，制造商在自身收到共享信息的情况下的利润小于供应商收到需求信息的情况下的利润，同时高于供应商和制造商都收到需求信息情况下的利润。但当供应商作为渠道领导者，在接收需求信息时，通过在模型 S－R－S 中决策零部件的批发价格和收购价格，供应商可以更好地协调正向和逆向供应链。然后，制造商可以根据供应商的决策，有效地改进库存控制。另外，模型 S－R－M 的

零售价格低于模型 S – R – T 的零售价格。这解释了与模型 S – R – T 相比，模型 S – R – M 的市场需求会更大，以及模型 S – R – M 的制造商利润会更高的原因。

推论 3.6 指出，无论是在制造商再制造模式还是供应商再制造模式下，信息共享行为是绝对有利于供应商的。如果制造商收到更大需求的消息，他将从没有接收到需求信息的供应商那里购买更多的零部件来组装产品以匹配需求波动。随后，随着零部件需求的增加，供应商可以获得最多的利润。然而，如果供应商和制造商都注意到需求信息，那么供应商的利润就会下降，这可能是由于信息共享加剧了双重边际效应[138]。这种双重边际效应意味着供应商和制造商都只关心自己的利润，而不关心整个供应链的利润，他们调整的价格会影响渠道协调性。

由推论 3.7 可知，在制造商再制造模式下，对于整个供应链来说，当零售商分别与供应商、制造商以及同时与供应商和制造商共享信息时，信息共享会影响利润的变化。这类似于供应商再制造模式。此外，整个供应链的损益取决于制造商和供应商的利润增长能否弥补零售商的利润损失。当零售商的利润损失大于制造商和供应商的利润收益时，整个供应链将遭受利润损失，这可以归因于信息共享的双重边际效应[62,125]。

3.5.2　两种再制造模式的比较

为了进一步研究信息共享在不同再制造模式中的作用，本小节对相同信息共享模式的供应商再制造模式和制造商再制造模式进行了更详细的比较。结果见表 3 – 4。

表 3 – 4　制造商再制造模式与供应商再制造模式对比

引理	信息共享模式			
	无共享	制造商共享	供应商共享	两个同时共享
3.1	$w_c^{S-R*} > w_c^{M-R*}$	$w_c^{S-R-M*} > w_c^{M-R-M*}$	$w_c^{S-R-S*} > w_c^{M-R-S*}$	$w_c^{S-R-T*} > w_c^{M-R-T*}$
3.2	$w_n^{S-R*} > w_n^{M-R*}$ $p^{S-R*} > p^{M-R*}$	如果 $A > 2a_0 - b(c_n - s_1) +$ bu/v, $w_n^{M-R-M*} > w_n^{S-R-M*}$ $p^{M-R-M*} > p^{S-R-M*}$	如果 $A > (va_0 + bvc_n -$ $bvs_1 - bu)/(2v)$, $w_n^{S-R-S*} > w_n^{M-R-S*}$ $p^{S-R-S*} > p^{M-R-S*}$	$w_n^{S-R-T*} > w_n^{M-R-T*}$ $p^{S-R-T*} > p^{M-R-T*}$
3.3	如果 $s_1 > (z_1 - a_0)/z_2$, $r^{M-R*} > r^{S-R*}$ $G^{M-R*} > G^{S-R*}$	如果 $s_1 > (z_1 - 2a_0 + A)/z_2$, $r^{M-R-M*} > r^{S-R-M*}$ $G^{M-R-M*} > G^{S-R-M*}$	如果 $s_1 > (z_1 - 2A + a_0)/z_2$, $r^{M-R-S*} > r^{S-R-S*}$ $G^{M-R-S*} > G^{S-R-S*}$	如果 $s_1 > (z_1 - A)/z_2$, $r^{M-R-T*} > r^{S-R-T*}$ $G^{M-R-T*} > G^{S-R-T*}$
3.4	$E(\Pi_R^{M-R*}) >$ $E(\Pi_R^{S-R*})$	如果 $t < z_3$, $E(\Pi_R^{M-R-M*}) >$ $E(\Pi_R^{S-R-M*})$	$E(\Pi_R^{M-R-S*}) >$ $E(\Pi_R^{S-R-S*})$	$E(\Pi_R^{M-R-T*}) >$ $E(\Pi_R^{S-R-T*})$
3.5	$E(\Pi_M^{M-R*}) >$ $E(\Pi_M^{S-R*})$	如果 $b < 8v/3$, $E(\Pi_M^{M-R-M*}) >$ $E(\Pi_M^{S-R-M*})$	$E(\Pi_M^{M-R-S*}) >$ $E(\Pi_M^{S-R-S*})$	$E(\Pi_M^{M-R-T*}) >$ $E(\Pi_M^{S-R-T*})$
3.6	$E(\Pi_S^{S-R*}) >$ $E(\Pi_S^{M-R*})$	$E(\Pi_S^{S-R-M*}) >$ $E(\Pi_S^{M-R-M*})$	$E(\Pi_S^{S-R-S*}) >$ $E(\Pi_S^{M-R-S*})$	$E(\Pi_S^{S-R-T*}) >$ $E(\Pi_S^{M-R-T*})$

注: $z_1 = (b + 2v)(2s_2 - c_c) + bc_n + 2u$, $z_2 = 2(b + v)$,

$$z_3 = \frac{[v(a_0 - bc_n + bs_1) + bu][(b + 3v)(a_0 - bc_n) - b(b + 2v)c_c + b(vs_1 + u)]}{kv(3b + 5v)}。$$

无论是否存在信息共享的情况,供应商再制造模式下的零部件批发价格总是高于制造商再制造模式下的零部件批发价格。在制造商再制造模式下,制造商可以从供应商那里购买新的零部件制造新产品,或者从消费者那里回收旧产品生产再制造产品。换句话说,对于供应商来说,制造商不仅是一个买家,也是一个竞争对手。而在供应商再制造模式下,由于没有来自制造商的市场竞争，制造商不得不从供应商那里采购原材料来生产产品，导致供应商会提高零部件的批发价格。

如引理3.1所示，对于无信息共享、制造商和供应商都获得需求信息的情况，供应商再制造模式下的产品零售价格和批发价格都高于制造商再制造模式下产品的零售价格和批发价格，出现这一现象的原因是供应商再制造模式下的零部件批发价格会更高。

由引理3.2可知，在零售商与制造商或供应商共享信息的情况下，零售价格和批发价格之间两种模式的关系取决于需求预测值。具体来说，如果需求预测值相对较大，即 $A > 2a_0 - b(c_n - s_1) + bu/v$，那么在零售商与制造商共享信息的情况下，制造商再制造模式下产品的零售价格和批发价格高于供应商再制造模式下产品的零售价格和批发价格。而如果需求预测值满足 $A > (va_0 + bvc_n - bvs_1 - bu)/(2v)$，那么在零售商与供应商共享信息的情况下，供应商再制造模式下产品的零售价格和批发价格高于制造商再制造模式下的零售价格和批发价格。这是因为当制造商从零售商那里收到更大的需求信息时，会提高产品的批发价格，以弥补制造商再制造模式中回收产生的费用。而在零售商仅与供应商共享信息的情况下，一旦需求预测值足够大，供应商决策的零部件批发价格将变得足够高，制造商观察到零部件批发价格上涨后，也会随之提高 S－R－S 模型下产品的批发价格。

根据引理3.3，二手产品的收购价格和数量取决于制造商和供应商的节约成本。具体来说，如果制造商的节约成本足够大，那么制造商再制造模式下的收购价格要高于供应商再制造模式下的收购价格。从制造商的角度来看，在制造商再制造模式下，如果生产一个旧产品可以节省更多的成本，制造商便会想要提高收购价格来回收更多的产品进行再制造。另外，对于供应商来说，其不会提高收购价格，因为收购价格的提高会影响新的零部件的销售。

从引理3.4可以看出，无论是否存在信息共享，制造商再制造模式下零售商的利润总是大于供应商再制造模式下零售商的利润。这是因为制造商再制造模式下的产品批发价格低于供应商再制造模式下的产品批发价格，导致制造商再制造模式下市场需求有所增加，因此零售商可以获得更多的利润。此外，如果需求预测的准确性符合 $t < z_3$，当零售商向制造商透露信息时，供应商再制造模式下的零售商利润会低于制造商再制造模式下的零售商利润。这是因为制造商和供应商之间存在着销售竞争，因此，在制造商再制造模式下，零售商可以受益于较低的产品批发价格和较大的市场需求。

引理 3.5 中，在无信息共享、零售商与供应商共享信息、零售商同时与制造商和供应商共享信息三种情况下，制造商再制造模式下的制造商利润要高于供应商再制造模式下的制造商利润。因为在制造商再制造模式中，制造商通过向供应商购买新的零部件来组装新产品，并通过回收消费者的旧产品来生产再制造产品。然而，当零售商与制造商共享信息时，上述情况并不总是适用。制造商将调整产品的批发价格，随后将在市场需求和每件产品的利润之间进行权衡。只有当满足 $b < 8v/3$ 时，制造商再制造模式下的制造商利润高于供应商再制造模式下的制造商利润。

如引理 3.6 所述，无论在有无信息共享的情况下，供应商在供应商再制造模式下的利润始终高于制造商再制造模式下的利润。这可以解释为供应商在供应商再制造模式中扮演着双重角色，他既能向制造商销售新的零部件，也能回收旧产品以生产再制造零部件。

综上所述，信息共享将导致零售商的利润下降。在零售商与供应商和制造商分享信息的情况下，零售商将遭受最大的利润损失。对于制造商来说，当零售商向供应商披露信息时，其在供应商再制造模式下的利润达到最大。而供应商则更偏好零售商只与制造商共享信息的情况。

3.6 数值分析

本节将通过数值算例来比较四种信息共享模式下不同的再制造模式，进一步研究需求预测值对零部件批发价格、产品批发价格和收购价格的影响，并分析供应链成员利润对需求预测精度的变化趋势。本节假设 $a_0 = 50$，$b = 3$，$u = 1$，$v = 1$，$c_n = 5.8$，$c_c = 3$，$s_1 = 3.7$，$s_2 = 2.2$，$k = 30$。图 3 - 2 ~ 图 3 - 7 总结了数值分析的结果（数值仅用于表示大小，无须设置具体单位，后同）。

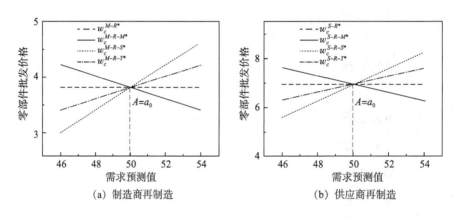

（a）制造商再制造   （b）供应商再制造

图 3 - 2　需求预测值和零部件批发价格的变化关系

如图 3 - 2 所示，在制造商再制造和供应商再制造模式下，零部件的批发价格 w_c 与需求预测值 A 呈现相同的变化趋势。在没有信息共享的情况下，无论需求预测值是多少，模型 M - R 和模型 S - R 中零部件的批发价格都是相同的。当零售商与供应商（仅与供应商以及同时与供应商和制造商）共享信息时，零部件的批发价格随着需求预测值的增加而增大。当供应商收到较大的需求预测信息时，其将通过提高零部件的批发价格来获取更多的利润。然而，在模型 M - R - M 和模型 S - R - M 中，只有制造商获得需求信息，零部件的批发价格随着 A 的增加而减小。这是因为当需求预测值增加但供应商并不知道该信息时，供应商一旦观察到制造商的行为导致产品批发价格上涨，则更倾向于通过降低零部件批发价格来增加市场需求。这也可以解释为信息共享的"间接效应"[130]。显然，当需求预测值等于a_0时，零部件的批发价格保持不变。

如图3–3所示，在无信息共享的情况下，产品的批发价格w_n对于需求预测值A保持不变。然而，在所有信息共享模型中，产品的批发价格随着A的增加而增大。这是因为当制造商从零售商那里得到更大的需求信息时，其希望提高产品的批发价格。此外，即使零售商只与供应商分享需求信息，但由于模型M–R–S和模型S–R–S的零部件批发价格上涨，制造商仍会提高产品的批发价格。

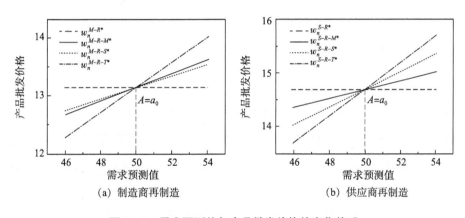

(a) 制造商再制造   (b) 供应商再制造

图3–3 需求预测值与产品批发价格的变化关系

图3–4显示了收购价格r相对于需求预测值A的变化趋势。具体而言，供应商再制造模式下的收购价格为恒定值，且低于制造商再制造模式下的收购价格。模型M–R–S和模型M–R–T的收购价格随着需求预测值的增加而增大，而模型M–R–M的收购价格随着需求预测值的增加而降低。在制造商再制造模式下，当供应商提高模型M–R–S和模型M–R–T中零部件的批发价格时，制造商的利润会下降，那么制造商将通过提高收购价格来回收更多的二手产品来获得更多的利润。而在模型M–R–M中，制造商

可以通过降低零部件的批发价格以此获得足够的利润。因此，制造商没有动力提高收购价格来回收更多的二手产品。

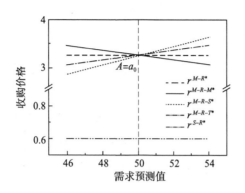

图 3 - 4　需求预测值与产品收购价格的变化关系

从图 3 - 5 可以看出，随着需求预测精度 t 的提高，零售商可以获得更多的预期利润（后文分析时多简称为"利润"），且零售商在信息共享情况下的利润低于同一再制造模式下的无信息共享情况下的利润，也就是说，零售商受到了信息共享行为的负面影响。此外，在制造商再制造和供应商再制造模式下，零售商在模型 M - R - T 和模型 S - R - T 下的利润损失最大。当制造商或供应商从零售商那里收到需求信息时，他们可以通过提高批发价格来最大化自身的利润，这最终会降低零售商的利润。一旦零售商同时向制造商和供应商披露信息，由于信息共享的双重边际效应，零售商的利润将严重下降，这会削弱零售商共享信息的动力。但如果零售商能与其他供应链成员签订一些合同或者能从政府或环境机构中获得额外的补贴，这个问题就可以解决了。同时附录中附表 3 - 2 对零售商利润损失的最小值的计算也表明，存在激励能够让零售商揭示真实的信息，从而提高整个供应链的运营效率。

如图 3 - 6 所示，在信息共享模型中，无论零售商与谁共享信息，制造商的利润都是随着需求预测精度 t 的增加而增加的。换句话说，制造商总能从信息共享中获益。而制造商的利润与模型 M - R 和模型 S - R 中的需求预

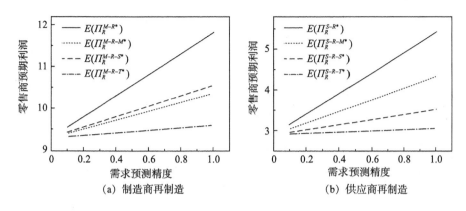

图 3-5　需求预测精度与零售商预期利润的变化关系

测精度无关。由此也可以看出，模型 M－R－S 和模型 S－R－S 的制造商利润在制造商再制造模式和供应商再制造模式下差别是最大的。在制造商再制造模式下，制造商在观察了供应商的定价决策后，可以通过有效地管理新产品和再制造产品的生产来获得更多的利润。而在供应商再制造模式下，供应商作为渠道的领导者，如果收到零售商观察到的需求信息，就可以通过协调正向和逆向流程来制定更优的定价策略，然后制造商可以根据供应商的策略做出更适当的决策来获得最大的利润。

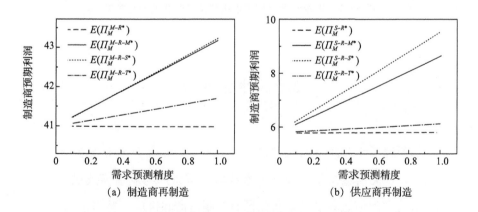

图 3-6　需求预测精度与制造商预期利润的变化关系

如图 3-7 所示，在无信息共享的模型中，供应商的利润不会随着需求

预测精度 t 的变化而变化。然而，在具有信息共享的模型中，需求预测精度对供应商的利润有积极的影响。与推论 3.6 一致，供应商在模型 M – R – M 和模型 S – R – M 中的利润分别在制造商再制造和供应商再制造模式下达到最大。在零售商与制造商共享需求信息的情况下，供应商能够从零部件的大量需求中受益。此外，在零售商仅与供应商共享信息的情况下，供应商的利润要大于零售商同时向供应商和制造商披露信息的情况下的利润。这是因为当零售商向供应商披露信息时，供应商可以通过提高零部件的批发价格获得更多的利润。

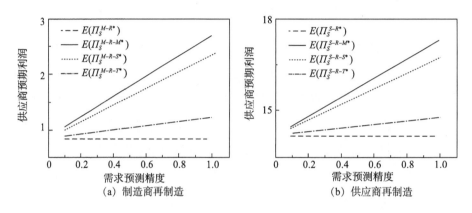

图 3 – 7　需求预测精度与供应商预期利润的变化关系

3.7　本章小结

本章研究了制造商再制造和供应商再制造模式下四种信息共享情形的定价决策，即无信息共享、部分信息共享（零售商与制造商或供应商共享信息）和完整的信息共享（零售商同时与制造商和供应商共享信息）。具体来说，本章研究了需求预测值和需求预测精度对均衡决策的影响。

本章的研究结果表明，需求预测值会影响闭环供应链成员的价格策略。

在信息共享条件下，需求预测值的增加会提高产品的批发价格。一方面，如果零售商与供应商共享信息，则需求预测值对零部件的批发价格和收购价格有积极的影响。另一方面，如果零售商与制造商共享信息，一个较大的需求预测值会带来较低的零部件批发价格和较低的收购价格。当零售商与供应商共享信息时，零部件的批发价格和采购价格在每种再制造模式下都达到最大。而在完全信息共享的情况下，产品的零售价格和批发价格将高于部分信息共享以及无信息共享的情况。在需求预测精度逐渐提高的情况下，无论在哪种再制造模式下，零售商的利润都会上升，同时存在信息共享情况的制造商和供应商的利润会增加，而无信息共享时制造商和供应商的利润则不变。

此外，零售商将因信息共享行为面临利润损失。由于供应链成员之间的双重边际效应，零售商同时与供应商和制造商共享信息时的利润损失是最大的。但事实上，由于政府的干预或其他原因，零售商可能仍然愿意进行信息共享。与供应商再制造模式相比，零售商更偏好制造商再制造模式。从制造商的角度来看，当零售商向供应商披露信息时，制造商在供应商再制造模式下的利润将达到最大。在制造商再制造模式中，制造商更偏向哪种信息共享情形取决于消费者对零售价格的敏感性和对收购价格的敏感性之间的关系。为了实现利润最大化，制造商将更偏好制造商再制造模式，因为制造商能够在该模式下同时承担新产品和再制造产品的生产，并能在该模式下获得双重收入。而供应商则会更倾向于零售商只与制造商共享信息的情况。此外，供应商希望由自身负责再制造，这样其可以从正向和逆向流中获得双重收入，而且供应商不需要面对在制造商再制造模式下制造商生产再制造产品的市场竞争。

从供应链总体利润来看，在供应商再制造模式下，如果零售商与制造商或供应商共享信息，那么整个供应链将从信息共享中获得利润增长；但如果零售商同时与制造商和供应商共享信息，那么整个供应链将遭受利润损失。在制造商再制造模式下，当零售商与供应商共享信息时，供应链总利润会增加，而当零售商同时与供应商和制造商共享信息时，供应链总利润会减少。而在零售商向制造商透露信息的情况下，信息共享是否能为整个供应链创造更多的利润取决于消费者对零售价格的敏感性和对收购价格的敏感性之间的关系。

第 4 章

技术许可下闭环供应链信息共享策略研究

4.1　问题描述

在经济全球化背景下，产品升级迭代的加速导致市场上出现了大量的废旧产品，许多企业由此进行回收处理活动[136-137]。施乐公司建立了一个回收系统，以提高打印机和碳粉盒的回收率，最终生产成本降低了 40%[6]。苹果公司在中国市场建立直接渠道来销售产品和回收废旧手机，回收收入从 2006 年的 1000 亿美元增长到 2014 年的 2860 亿美元[24]。但在某些情况下，由于废旧产品的高物流成本和高再制造成本，负责生产的原始设备制造商不愿意进行产品回收和再加工活动。此外，由于知识产权保护和技术限制，第三方再制造商无法对废旧产品进行再加工。为了解决这一问题，原始设备制造商通过技术许可的方式授权第三方再制造商进行再制造。技术许可是许可人将技术提供给被许可人，以授权后者对产品进行制造或再制造的一种方式[57]。特别是对于废旧产品，技术许可使供应链上的其他成员能够生产出与新产品质量相同的再制造产品，其作为一种有效的方法，已被广泛采用以促进逆向物流。实际上，苹果公司已经与富士康公司签订了合同，并授权富士康公司在中国进行废旧苹果手机的再制造[138]。此外，Avagyan 等[139]提出，技术许可是一种契约，许可人允许被许可人使用其技术上的创新成果，从而帮助被许可人克服技术障碍。许多公司如 IBM、陶氏、柯达和宝洁等，通过将其专有技术授权给其他公司从而获得了可观的许可费收入[140]。这些都表明技术许可不仅可以增加经济效益，还可以提高生产效率，是一种能让原始设备制造商和第三方实现共赢的有效途径。

目前，许多原始设备制造商并不完全了解市场信息，如市场需求和消费者偏好，这会导致库存过剩或不足，从而降低其运行效率和利润[123]。实际上，这种现象在现实生活中经常发生。美国著名的电子供应商旭电公司，由于缺乏准确的需求信息，造成了价值47亿美元的过剩库存，从而面临巨额利润损失[124]。由此可见，制造商有必要从其他供应链成员那里获得相应的市场需求信息，同时信息共享能帮助制造商适当安排生产和规划库存。

迄今为止，关于再制造的大部分文献均假设制造商和零售商总是获得完全信息[118,120,141]，换句话说，市场需求和成本信息对所有供应链成员都是公开的。但实际情况中信息往往是不对称的，需要渠道成员之间进行信息共享。例如，为了减轻信息不对称的负面影响，沃尔玛和宝洁等公司努力收集和分析产品销售信息，随后与供应商和零售商共享相应的信息[132,142]。因此，本章针对技术许可下闭环供应链的信息共享策略展开研究。

4.2　模型假设与符号说明

本章考虑由一个原始设备制造商、一个经销商和一个第三方再制造商组成闭环供应链，研究技术许可下的三种再制造模式，并分析信息共享对供应链成员定价决策和利润的影响。在博弈中，有两种可能的信息共享行为：无信息共享、经销商与制造商共享信息。具体来说，分为无/有信息共享的无再制造模式［模型 N-R，见图 4-1（a）；模型 N-R-S，见图 4-1（b）］；制造商在无/有信息共享的情况下进行再制造活动［模型 O-R，见图 4-1（c）；模型 O-R-S，见图 4-1（d）］；经销商在无/有信息共享的情况下对废旧产品进行回收和再制造［模型 D-R，见图 4-1（e）；模型 D-R-S，见图 4-1（f）］；第三方再制造商在以下两种情况下开展再制造活动：无信息共享［模型 T-R，见图 4-1（g）］和有信息共享［模型 T-R-S,见图 4-1 (h)]。

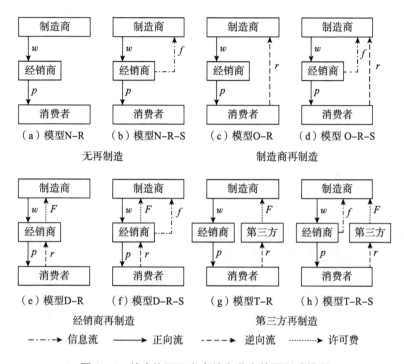

图 4-1　技术许可下考虑信息共享的再制造模型

表 4-1 中总结了所有模型的参数符号及说明。本章中,模型 m 中供应链成员 i 的利润和预期利润分别为 Π_i^m 和 $E(\Pi_i^m)$。上标 m 指代的是模型 N-R、模型 N-R-S、模型 O-R、模型 O-R-S、模型 D-R、模型 D-R-S、模型 T-S、模型 T-R-S,表示闭环供应链中的无再制造模式、制造商再制造模式、经销商再制造模式和第三方再制造模式。下标 i 表示制造商(M)、经销商(D) 和第三方(T)。$\Delta E(\Pi_i^j)$ 为在模型 j ($j \in m$) 中供应链成员 i 通过信息共享获得的利润增量,上标 j 指代模型 N-R、模型 O-R、模型 D-R 和模型 T-R。$\Delta E(\Pi_i^j)$ 可由供应链成员 i 在有/无信息共享的同一再制造模式下预期利润的差值求得,如 $\Delta E(\Pi_M^{O-R}) = E(\Pi_M^{O-R-S}) - E(\Pi_M^{O-R})$。其他假设概述如下。

表 4-1　参数符号及说明

参数符号	说明
w	批发价格
p	零售价格
c_n、c_r	制造商制造新产品、对废旧产品进行再制造的成本
c_d、c_t	经销商、第三方对废旧产品进行再制造的成本
s_1、s_2、s_3	再制造为制造商、经销商、第三方带来的节约成本
r	向消费者回收废旧产品提供的价格
D	市场需求
a	市场规模
b	消费者对零售价格的敏感度
G	废旧产品的需求
F	经销商、第三方向制造商交付的许可费
Π	利润

假设用废旧产品制造成新产品的成本低于制造新产品的成本，经销商、第三方对废旧产品进行再制造的成本低于制造商的成本，即 $c_d < c_r < c_n$，$c_t < c_r < c_n$，$s_1 < s_2$，$s_1 < s_3$，其中 $s_1 = c_n - c_r$，$s_2 = c_n - c_d$，$s_3 = c_n - c_t$。该假设表明供应链成员有进行再制造活动和努力提高市场上废旧产品供应量的动机，这与 Savaskan 等[6]和 Atasu 等[104]的假设是一致的。

假设市场需求函数 $D(p) = a - bp$，$a > 0$，$b > 0$，$a > bc_n$。假设市场需求随着零售价格的上涨呈单调递减趋势，线性需求函数常用于运营管理的相关研究[6,143]。假设供给函数 $G(r) = u + vr$，$u > 0$，$v > 0$。其中供给函数与收购价格 r 成线性关系，u 和 v 分别表示当 $r = 0$ 时的供给量和消费者对收购价格的敏感度，这一假设同样被 Bakal 和 Akcali[128]所采用。本章的市场潜在规模为随机变量，即 $a = a_0 + e$，a_0 和 e 分别代表可确定的市场规模和无法确定的市场规模，e 是一个均值为 0、方差为 k 的随机变量。

在做出定价决策之前，经销商可以通过观察需求信号 $f = a + \varepsilon$ 来获取有关市场需求的信息。此外，ε 是一个均值为 0、方差为 θ 的误差项，并且 e

和 ε 两个随机变量是相互独立的。根据 $\mathrm{Li}^{[130]}$ 的研究，本章对信息结构有以下假设：

$$E(a \mid f) = \frac{\theta}{k+\theta}a_0 + \frac{k}{k+\theta}f \equiv A, \quad E((f-a_0)^2) = k+\theta$$

其中，令 $t = k/(k+\theta)$，$0 \leqslant t \leqslant 1$，表示经销商的需求预测精度。当 $t = 1$ 时，代表需求预测值 A 与实际值 a 相等；当 $t = 0$ 时，代表需求预测值与实际值完全不相等。

与 Choi 等[7] 的研究类似，本章假设所有废旧产品都是可再制造的，并且所有再制造产品都可以像新产品一样转售。实际情况也是如此，惠普公司再制造的计算机和新计算机之间的差异是可以忽略不计的[131]。同时，柯达的再制造相机也是新相机的完美替代品。此外，本章考虑了单周期的闭环供应链模型。

4.3　模型构建

本章假设经销商拥有非公开的市场需求信息，并有两种选择：①向制造商隐瞒信息；②向制造商披露信息。在此假设下，本节构建了有/无信息共享的无再制造模式、制造商再制造模式、经销商再制造模式和第三方再制造模式。与大多数研究一致[144,105]，制造商作为渠道领导者，相对于经销商和第三方来说，具有优先决策权。以下是对有信息共享的模型（模型 N–R–S、模型 O–R–S、模型 D–R–S 和模型 T–R–S）的详细分析，无信息共享的模型（模型 N–R、模型 O–R、模型 D–R 和模型 T–R）将在附录中的命题 A4.1 至命题 A4.4 进行讨论。

4.3.1　无再制造模式

在无再制造模式下，由于产品线中仅包括新产品，因此制造商负责生产新产品，经销商负责销售新产品。博弈顺序如下：制造商决定批发价格 w，然后经销商决定零售价格 p。在该模式下，经销商与制造商共享信息，经销商和制造商的最优预期利润为

$$\underset{p}{Max}E(\varPi_D^{N-R-S}) = E((p-w)(a-bp) \mid f) \qquad (4-1)$$

$$\underset{w}{Max}E(\varPi_M^{N-R-S}) = E((w-c_n)D(p) \mid f) \qquad (4-2)$$

通过一阶求导取得最优解，命题4.1为求解结果的归纳。

命题4.1 在模型 N-R-S 中，最优零售价格和最优批发价格为

$$p^{N-R-S*} = \frac{A+bw}{2b}$$

$$w^{N-R-S*} = \frac{A+bc_n}{2b}$$

其中，"*"代表均衡值。将 p^{N-R-S*} 和 w^{N-R-S*} 的值重新代入式（4-1）和式（4-2），可以得出模型 N-R-S 的最优预期利润为

$$E(\varPi_D^{N-R-S*}) = \frac{(a_0-bc_n)^2+kt}{16b}$$

$$E(\varPi_M^{N-R-S*}) = \frac{(a_0-bc_n)^2+kt}{8b}$$

经销商和制造商的预期利润随着 t 的提高呈单调递增趋势，即随着需求预测精度的提高，经销商和制造商可以更精确地做出定价决策。

4.3.2 制造商再制造模式

在这种情况下，制造商提供混合产品线，负责生产新产品和再制造产品，而经销商负责产品的销售。首先，制造商决定批发价格和收购价格。其次，经销商根据制造商的策略确定零售价格。该模式下经销商与制造商共享信息，供应链成员的最优预期利润为

$$\underset{p}{Max}E(\varPi_D^{O-R-S}) = E((p-w)(a-bp) \mid f) \qquad (4-3)$$

$$\underset{w,r}{Max} E(\Pi_M^{O-R-S}) = E((w - c_n)(D(p) - G(r)) + (w - c_r - r)G(r) \mid f)$$

$$= E((w - c_n)D(p) + (s_1 - r)G(r) \mid f) \qquad (4-4)$$

随后，采用逆向归纳法来求解，命题 4.2 给出了最优的定价策略。

命题 4.2　在模型 O - R - S 中，最优策略为

$$p^{O-R-S*} = \frac{A + bw}{2b}$$

$$w^{O-R-S*} = \frac{A + bc_n}{2b}$$

$$r^{O-R-S*} = \frac{vs_1 - u}{2v}$$

然后将以上参数值重新代入式（4 - 3）和式（4 - 4），可以得到最优预期利润为

$$E(\Pi_D^{O-R-S*}) = \frac{(a_0 - bc_n)^2 + kt}{16b}$$

$$E(\Pi_M^{O-R-S*}) = \frac{(a_0 - bc_n)^2 + kt}{8b} + \frac{(u + vs_1)^2}{4v}$$

基于供应链成员的最优决策，在模型 O - R - S 中，需求预测精度对供应链成员的利润有正向的影响，这与模型 N - R - S 的情况相同。

4.3.3　经销商再制造模式

当经销商负责再制造时，制造商负责生产新产品并授权经销商进行再制造，经销商同时进行再制造活动与产品销售。博弈顺序为：制造商首先决定批发价格 w，然后经销商决定零售价格 p 和收购价格 r。在该模式下，经销商选择与制造商共享信息，经销商和制造商的最优预期利润为

$$\underset{p,r}{Max} E(\Pi_D^{D-R-S}) = E((p - w)(D(p) - G(r)) + (p - c_n + s_2 - r - F)G(r) \mid f)$$

$$= E((p - w)D(p) + (w - c_n + s_2 - r - F)G(r) \mid f) \quad (4-5)$$

$$\underset{w}{Max} E(\Pi_M^{D-R-S}) = E((w - c_n)(D(p) - G(r)) + FG(r) \mid f) \quad (4-6)$$

因此，命题 4.3 得出了制造商和经销商博弈的均衡解。

命题 4.3 在模型 D－R－S 中，最优解为

$$p^{D-R-S*} = \frac{(3b + 2v)A + b(b + 2v)c_n + 2bvF - bvs_2 - bu}{4b(b + v)}$$

$$w^{D-R-S*} = \frac{A + (b + 2v)c_n + 2vF - vs_2 - u}{2(b + v)}$$

$$r^{D-R-S*} = \frac{vA - bvc_n - 2bvF + (2b + v)vs_2 - 2bu - 3uv}{4v(b + v)}$$

然后将以上参数值重新代入式（4－5）和式（4－6），模型 D－R－S 的最优预期利润为

$$E(\Pi_D^{D-R-S*}) = \frac{[(b + 2v)(a_0 - bc_n) - 2bvF + bvs_2 + bu]^2 + (b + 2v)^2kt}{16b(b + v)^2} +$$

$$\frac{[v(a_0 - bc_n) + (2b + v)(vs_2 + u) - 2bvF]^2 + v^2kt}{16v(b + v)^2}$$

$$E(\Pi_M^{D-R-S*}) = \frac{(a_0 - bc_n - vs_2 - u)(a_0 - bc_n - vs_2 - u + 2vF) + kt}{8(b + v)} +$$

$$\frac{[va_0 - bvc_n - 2bvF + (2b + v)(u + vs_2)]F}{4(b + v)}$$

当 $\partial^2 E(\Pi_M^{D-R-S*})/F^2 = -bv/(b + v) < 0$ 时，$E(\Pi_M^{D-R-S*})$ 是 F 的凹函数。因此，制造商预期利润 $E(\Pi_M^{D-R-S*})$ 最大化时可以求解出最优许可费 F，$F^{D-R-S*} = [v(a_0 - bc_n) + b(vs_2 + u)]/(2bv)$。

再将 F^{D-R-S*} 代入 w^{D-R-S*}、r^{D-R-S*}、$E(\Pi_D^{D-R-S*})$、$E(\Pi_M^{D-R-S*})$，可以得到以下均衡解：

$$w^{D-R-S*} = \frac{bA + va_0 + (b + v)bc_n}{2b(b + v)}$$

$$r^{D-R-S*} = \frac{vA - va_0 + (b + v)(vs_2 - 3u)}{4v(b + v)}$$

$$E(\Pi_D^{D-R-S*}) = \frac{(a_0 - bc_n)^2}{16b} + \frac{(b + 2v)^2kt}{16b(b + v)^2} + \frac{(u + vs_2)^2}{16v} + \frac{v^2kt}{16v(b + v)^2}$$

$$E(\Pi_M^{D-R-S*}) = \frac{v(a_0 - bc_n)^2 + b(vs_2 + u)^2}{8bv} + \frac{kt}{8(b + v)}$$

批发价格 w 和收购价格 r 会随着需求预测值 A 的增加而提高，并且更高的需求预测精度 t 将会给经销商和制造商带来更高的利润。

4.3.4　第三方再制造模式

本小节将讨论由一个制造商、一个经销商和一个第三方组成的两种第三方再制造模型。制造商负责生产新产品，并许可第三方进行再制造；经销商负责销售产品。博弈顺序为：制造商首先决定批发价格 w，然后经销商和第三方分别决定零售价格 p 和收购价格 r。在该模式下，经销商向制造商披露需求信息，供应链各成员的最优预期利润为

$$\underset{p}{Max}E(\Pi_D^{T-R-S*}) = E((p - w)(a - bp) \mid f) \tag{4-7}$$

$$\underset{r}{Max}E(\Pi_T^{T-R-S*}) = E((w - c_n + s_3 - r - F)G(r)) \tag{4-8}$$

$$\underset{w}{Max}E(\Pi_M^{T-R-S*}) = E((w - c_n)(D(p) - G(r)) + FG(r) \mid f) \tag{4-9}$$

基于上述表达式，在命题 4.4 中，通过一阶求导得出最优的价格。

命题 4.4　在模型 T – R – S 中，最优零售价格、最优批发价格和最优收购价格为

$$p^{T-R-S*} = \frac{(3b + 2v)A + b(b + 2v)c_n + 2bvF - bvs_3 - bu}{4b(b + v)}$$

$$w^{T-R-S*} = \frac{A + (b + 2v)c_n + 2vF - vs_3 - u}{2(b + v)}$$

$$r^{T-R-S*} = \frac{vA - bvc_n - 2bvF + (2b + v)vs_3 - 2bu - 3uv}{4v(b + v)}$$

然后将以上参数值重新代入式（4 – 7）～式（4 – 9），可以得到模型 T – R – S 的最优预期利润为

$$E(\Pi_D^{T-R-S*}) = \frac{\left[(b+2v)(a_0-bc_n)-2bvF+bvs_3+bu\right]^2+(b+2v)^2kt}{16b(b+v)^2}$$

$$E(\Pi_T^{T-R-S*}) = \frac{\left[v(a_0-bc_n)-2bvF+(2b+v)(vs_3+u)\right]^2+v^2kt}{16v(b+v)^2}$$

$$E(\Pi_M^{T-R-S*}) = \frac{(a_0-bc_n-vs_3-u)(a_0-bc_n-vs_3-u+2vF)+kt}{8(b+v)} +$$

$$\frac{\left[v(a_0-bc_n)-2bvF+(2b+v)(u+vs_3)\right]F}{4(b+v)}$$

当 $\partial^2 E(\Pi_M^{T-R-S*})/F^2 = -bv/(b+v) < 0$ 时，制造商预期利润最大化时可以求解出最优许可费 F 为

$$F^{T-R-S*} = \frac{a_0-bc_n}{2b} + \frac{vs_3+u}{2v}$$

将 F^{T-R-S*} 再代入 w^{T-R-S*}、r^{T-R-S*}、$E(\Pi_D^{T-R-S*})$、$E(\Pi_T^{T-R-S*})$ 和 $E(\Pi_M^{T-R-S*})$，可以得到均衡解为

$$w^{T-R-S*} = \frac{bA+va_0+(b+v)bc_n}{2b(b+v)}$$

$$r^{T-R-S*} = \frac{vA-va_0+(b+v)(vs_3-3u)}{4v(b+v)}$$

$$E(\Pi_D^{T-R-S*}) = \frac{(a_0-bc_n)^2}{16b} + \frac{(b+2v)^2kt}{16b(b+v)^2}$$

$$E(\Pi_T^{T-R-S*}) = \frac{(u+vs_3)^2}{16v} + \frac{v^2kt}{16v(b+v)^2}$$

$$E(\Pi_M^{T-R-S*}) = \frac{v(a_0-bc_n)^2+b(vs_3+u)^2}{8bv} + \frac{kt}{8(b+v)}$$

以上分析表明，批发价格和收购价格随着需求预测值的增加而不断上涨。同时需求预测精度对供应链成员的利润有积极影响，这可以解释为经销商的需求信息使供应链成员能够做出更好的定价决策，以实现利润最大化。

4.4 比较分析

本节在上述分析的基础上进一步比较三种再制造模式的均衡解，并研究信息共享对供应链成员的影响，从再制造模式和信息共享两个方面获得了一些结论。

4.4.1 信息共享对技术许可费的影响

本小节分别从有/无关于均衡定价决策的信息共享情况对三种再制造模式进行了比较。此外，从供应链成员利润的角度出发研究了供应链成员的最优再制造模式。推论 4.1 至推论 4.5 对上述研究的结果进行了总结。

推论 4.1 最优批发价格和最优零售价格满足以下关系：

（1）没有信息共享时，$w^{N-R*} = w^{O-R*} = w^{D-R*} = w^{T-R*}$，$p^{N-R*} = p^{O-R*} = p^{D-R*} = p^{T-R*}$。

（2）有信息共享时，$w^{N-R-S*} = w^{O-R-S*}$，$w^{D-R-S*} = w^{T-R-S*}$，$p^{N-R-S*} = p^{O-R-S*}$，$p^{D-R-S*} = p^{T-R-S*}$。如果 $A > a_0$，则 $w^{O-R-S*} > w^{D-R-S*}$，$p^{O-R-S*} > p^{D-R-S*}$。

推论 4.1 表明，当没有信息共享时，制造商的批发价格始终不变。而在有信息共享的情况下，模型 N – R – S 的批发价格与模型 O – R – S 的批发价格相同，模型 D – R – S 的批发价格与模型 T – R – S 的批发价格相同。当 $A > a_0$ 时，模型 O – R – S 的批发价格高于模型 D – R – S 的批发价格。在模型 O – R – S 中，制造商同时生产新产品和再制造产品，并且没有来自经销商和第三方的竞争威胁。因此，当制造商从经销商那里收到较大的需求信息时，制造商将提高批发价格以增加利润。此外，在所有模型中，零售价格直接取决于批发价格的大小。

推论4.2 （1）无信息共享时，废旧产品的最优收购价格和需求满足以下关系：

① 如果 $s_2 > (2vs_1 + u)/v$ 成立，可得 $r^{D-R*} > r^{O-R*}$，$G^{D-R*} > G^{O-R*}$。如果 $s_3 > (2vs_1 + u)/v$ 成立，可得 $r^{T-R*} > r^{O-R*}$，$G^{T-R*} > G^{O-R*}$。

② 如果 $s_2 > s_3$ 成立，可得 $r^{D-R*} > r^{T-R*}$，$G^{D-R*} > G^{T-R*}$。特别地，当 $s_2 = s_3$ 成立时，$r^{D-R*} = r^{T-R*}$，$G^{D-R*} = G^{T-R*}$。

（2）有信息共享时，废旧产品的最优收购价格和需求满足以下关系：

① 如果 $s_2 > 2s_1 + u/v - (A - a_0)/(b + v)$ 成立，可得 $r^{D-R-S*} > r^{O-R-S*}$，$G^{D-R-S*} > G^{O-R-S*}$。如果 $s_3 > 2s_1 + u/v - (A - a_0)/(b + v)$ 成立，可得 $r^{T-R-S*} > r^{O-R-S*}$，$G^{T-R-S*} > G^{O-R-S*}$。

② 如果 $s_2 > s_3$ 成立，可得 $r^{D-R-S*} > r^{T-R-S*}$，$G^{D-R-S*} > G^{T-R-S*}$。特别地，当 $s_2 = s_3$ 成立时，$r^{D-R-S*} = r^{T-R-S*}$，$G^{D-R-S*} = G^{T-R-S*}$。

推论4.2（1）表明，当经销商和第三方节省的成本相对较大，即 $s_2 > (2vs_1 + u)/v$ 和 $s_3 > (2vs_1 + u)/v$ 时，经销商和第三方将有动机提高收购价格以回收更多的废旧产品。另外，因为模型 D–R 的经销商和模型 T–R 的第三方充当同样的角色（回收和再制造废旧产品），模型 D–R 和模型 T–R 有相同的节约成本（$s_2 = s_3$），会导致两个模型的收购价格也相等，即 $r^{D-R-S*} = r^{T-R-S*}$。节约成本越大，废旧产品的收购价格就越高，需求就越大。

与推论4.2（1）类似，当模型 D–R–S 和模型 T–R–S 的节约成本相对较高，即 $s_2 > 2s_1 + u/v - (A - a_0)/(b + v)$ 和 $s_3 > 2s_1 + u/v - (A - a_0)/(b + v)$ 时，模型 D–R–S 和模型 T–R–S 的收购价格高于模型 O–R–S 的收购价格。此外，收购价格和需求将随着节约成本的增加而增加。

推论4.3 最优许可费满足以下关系：当 $s_2 > s_3$ 时，$F^{D-R*} > F^{T-R*}$，

$F^{D-R-S*} > F^{T-R-S*}$。特别地，当 $s_2 = s_3$ 始终成立时，$F^{D-R*} = F^{T-R*}$，$F^{D-R-S*} = F^{T-R-S*}$。

推论 4.3 比较了经销商再制造模式和第三方再制造模式的最优许可费。当两种模式的节约成本相同时，制造商将对经销商和第三方设定相等的许可费。此外，更高的节约成本让制造商能设定更高的许可费来提高利润。

推论 4.4　经销商的最优预期利润满足以下关系：

（1）无信息共享时，$E(\Pi_D^{D-R*}) > E(\Pi_D^{T-R*}) = E(\Pi_D^{O-R*}) = E(\Pi_D^{N-R*})$。特别地，如果 $s_2 = s_3$ 成立，$E(\Pi_D^{D-R*}) = E(\Pi_D^{T-R*}) + E(\Pi_T^{T-R*})$。

（2）有信息共享时，$E(\Pi_D^{D-R-S*}) > E(\Pi_D^{T-R-S*}) > E(\Pi_D^{O-R-S*}) = E(\Pi_D^{N-R-S*})$。特别地，如果 $s_2 = s_3$ 成立，$E(\Pi_D^{D-R-S*}) = E(\Pi_D^{T-R-S*}) + E(\Pi_T^{T-R-S*})$。

推论 4.4 表明，无信息共享时，经销商的利润在模型 D – R 中最大；有信息共享时，经销商的利润在模型 D – R – S 中最大。当经销商和第三方的节约成本相等（$s_2 = s_3$）时，经销商在经销商再制造模式下的利润等于在相同的信息共享情况下第三方再制造模式下经销商与第三方的利润之和。这可以解释为经销商在经销商再制造模式下可以同时进行销售和再制造活动来获得双重收入，然而在第三方再制造模式下，经销商只负责销售产品，再制造活动由第三方进行。

同时，经销商在无再制造模式和制造商再制造模式下的利润都低于经销商再制造模式和第三方再制造模式下的利润。在经销商再制造模式和第三方再制造模式下，制造商决定批发价格，并且参与正向物流过程。而在制造商再制造模式下，制造商既生产新产品，又生产再制造产品，能有效协调正向和逆向物流过程，从而实现利润最大化。在这种情况下，经销商的利润将由于制造商的决策而减少。同时，在有信息共享的情况下，双重边际化效应也会导致经销商利润的减少[145]。

推论 4.5　（1）无信息共享时，制造商的最优预期利润满足以下关系：

① 当 $s_2 > [(\sqrt{2}-1)u + \sqrt{2}vs_1]/v$ 时，$E(\Pi_M^{D-R*}) > E(\Pi_M^{O-R*})$。当 $s_3 > [(\sqrt{2}-1)u + \sqrt{2}vs_1]/v$ 时，$E(\Pi_M^{T-R*}) > E(\Pi_M^{O-R*})$。

② $E(\Pi_M^{O-R*}) > E(\Pi_M^{N-R*})$。特别地，当 $s_2 = s_3$ 时，$E(\Pi_M^{D-R*}) = E(\Pi_M^{T-R*})$。

（2）有信息共享时，制造商的最优预期利润满足以下关系：

① 当 $s_2 > [\sqrt{2(vs_1+u)^2 + v^2kt/b(b+v)} - u]/v$ 成立时，$E(\Pi_M^{D-R-S*}) > E(\Pi_M^{O-R-S*})$。当 $s_3 > [\sqrt{2(vs_1+u)^2 + v^2kt/b(b+v)} - u]/v$ 成立时，$E(\Pi_M^{T-R-S*}) > E(\Pi_M^{O-R-S*})$。

② $E(\Pi_M^{O-R-S*}) > E(\Pi_M^{N-R-S*})$。特别地，当 $s_2 = s_3$ 时，$E(\Pi_M^{D-R-S*}) = E(\Pi_M^{T-R-S*})$。

推论 4.5（1）表明，在无信息共享的情况下，制造商的利润与节约成本成正比。当经销商和第三方的节约成本相对较大时，制造商在模型 D-R 和模型 T-R 中的利润大于在模型 O-R 中的利润，因为制造商可以向经销商和第三方收取更高的许可费以获得再制造利润。值得注意的是，当节约成本相等（$s_2 = s_3$）时，制造商在经销商再制造模式和第三方再制造模式下充当相同的角色，这就可能使制造商在这两种模式下获得相同的利润。此外，再制造活动总是可以为制造商带来更多的利润，即 $E(\Pi_M^{O-R*}) > E(\Pi_M^{N-R*})$。推论 4.5（2）中有信息共享的情况和推论 4.5（1）中无信息共享的情况是类似的。

4.4.2　信息共享对供应链成员最优利润的影响

推论 4.6 至推论 4.10 根据四种模式下的最优解来分析信息共享的价值。在每种模式下，分别对比了有/无信息共享下的价格和利润。

推论 4.6　最优批发价格和最优零售价格满足以下关系：

如果 $A > a_0$ 成立，可得 $w^{N-R-S*} > w^{N-R*}$，$w^{O-R-S*} > w^{O-R*}$，$w^{D-R-S*} >$

w^{D-R*}，$w^{T-R-S*} > w^{T-R*}$；$p^{N-R-S*} > p^{N-R*}$，$p^{O-R-S*} > p^{O-R*}$，$p^{D-R-S*} > p^{D-R*}$，$p^{T-R-S*} > p^{T-R*}$。

推论 4.6 表明，当需求预测值超过可确定的市场需求时，有信息共享情况下的批发价格高于无信息共享情况下的批发价格。这可以解释为当制造商从经销商那里获得更高的市场需求信息时，其会在每个再制造模式下都提高批发价格来获得更多的利润，同时批发价格会对零售价格产生正向影响。

推论 4.7　最优收购价格和供给量满足以下关系：

（1）$r^{O-R*} = r^{O-R-S*}$，$G^{O-R*} = G^{O-R-S*}$。

（2）如果 $A > a_0$ 成立，可得 $r^{D-R-S*} > r^{D-R*}$，$r^{T-R-S*} > r^{T-R*}$，$G^{D-R-S*} > G^{D-R*}$，$G^{T-R-S*} > G^{T-R*}$。

推论 4.7 表明，在制造商再制造模式下，收购价格不会随着信息共享而发生改变。因为废旧产品供给量的增加会影响新产品的销量，制造商就没有动力去提高收购价格。而在经销商再制造和第三方再制造模式下，当 $A > a_0$ 成立时，经销商和第三方将提高收购价格，并且当他们观察到制造商的批发价格上涨时，他们还会鼓励消费者参与废旧产品的回收，这可以帮助他们在有信息共享的情况下从逆向物流中获取更多的利润。

推论 4.8　最优许可费满足以下关系：

$$F^{D-R*} = F^{D-R-S*}, \qquad F^{T-R*} = F^{T-R-S*}$$

推论 4.8 表明，信息共享不会影响经销商再制造模式下的许可费。由于模型 D–R 和模型 D–R–S 的节约成本相等，因此制造商始终会设定相同的许可费。再制造中节约成本的增加会导致许可费的增加，第三方再制造模式下也是如此。

推论 4.9　经销商最优预期利润满足以下关系：

（1）$E(\Pi_D^{N-R*}) > E(\Pi_D^{N-R-S*})$，$E(\Pi_D^{O-R*}) > E(\Pi_D^{O-R-S*})$，$E(\Pi_D^{D-R*}) > E(\Pi_D^{D-R-S*})$，$E(\Pi_D^{T-R*}) > E(\Pi_D^{T-R-S*})$。

(2) $\Delta E(\Pi_D^{N-R*}) = \Delta E(\Pi_D^{O-R*}) < \Delta E(\Pi_D^{T-R*}) < \Delta E(\Pi_D^{D-R*}) < 0$。

推论4.9（1）表明，信息共享行为对经销商是不利的。换句话说，当经销商与制造商分享原本非公开的需求信息时，经销商的利润会减少。从制造商的角度来看，制造商可以借助从经销商那里获得的信息来做出更好的定价决策，即提高批发价格。因此，制造商的行为会导致在有信息共享的情况下市场需求减少，经销商的利润也会由此减少。推论4.9（2）表明，经销商在无再制造模式和制造商再制造模式下的利润损失大于经销商和第三方再制造模式下的利润损失。并且，在经销商再制造模式下，经销商的利润损失是最小的，这是因为经销商可以通过销售产品和生产再制造产品来减少利润损失。考虑到经销商进行信息共享可能带来的利润损失，相关的政府部门和其他渠道的合作伙伴可以定期采取一些措施，如补贴和合同来刺激经销商共享他的非公开信息[146]。

推论4.10 制造商最优预期利润满足以下关系：

（1）$E(\Pi_M^{N-R-S*}) > E(\Pi_M^{N-R*})$，$E(\Pi_M^{O-R-S*}) > E(\Pi_M^{O-R*})$，$E(\Pi_M^{D-R-S*}) > E(\Pi_M^{D-R*})$，$E(\Pi_M^{T-R-S*}) > E(\Pi_M^{T-R*})$。

（2）$\Delta E(\Pi_M^{N-R*}) = \Delta E(\Pi_M^{O-R*}) > \Delta E(\Pi_M^{D-R*}) = \Delta E(\Pi_M^{T-R*}) > 0$。

推论4.10（1）表明，在有信息共享的所有情况下，制造商的利润都大于无信息共享情况下的制造商利润。当经销商与制造商共享需求信息时，共享的需求信息使制造商能够做出更好的定价决策，即制造商将决定一个相对较高的批发价格，以在信息共享的情况下获得更多的利润。因此无论采用哪种再制造模式，信息共享始终有利于制造商。如推论4.10（2）所述，相较于授权经销商和第三方负责再制造的情况，制造商直接负责再制造时，可以从信息共享中获得更多的利润增长。而且，由于经销商和第三方在再制造活动中发挥的作用相同，因此经销商再制造模式下制造商的利润增长与第三方再制造模式下的利润增长是相同的。

推论4.11 第三方的最优预期利润满足以下关系：$E(\Pi_T^{T-R-S*}) >$

$E(\varPi_T^{T-R*})$。

推论4.11表明，在有信息共享的情况下，第三方可以获得比无信息共享的情况下更高的利润。当经销商与制造商共享信息时，制造商可以根据共享的信息做出最优的定价决策。随后，第三方可以在观察制造商的决策后再确定适当的收购价格。因此，在有信息共享的情况下，第三方的利润会增加。

4.5　数值分析

本节利用数值示例来比较三种有/无信息共享下的再制造模式，还研究了批发价格和收购价格随需求预测值的变化，并分析了需求预测准确度对供应链成员利润的影响。本节假设 $a_0=50$，$b=1$，$u=3.5$，$v=4$，$c_n=6$，$s_1=3$，$s_2=s_3=5$，$k=20$。图4-2展示了批发价格与需求预测值的变化关系。

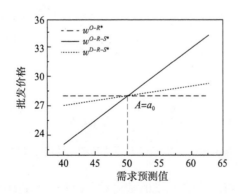

图4-2　批发价格与需求预测值的变化关系

从图4-2可以看出，由于不存在信息共享，模型 O-R 的批发价格 w 在不同的需求预测值下保持不变。此外，需求预测值对模型 O-R-S 和模型 D-R-S 的批发价格会产生正向影响。与推论4.1和推论4.6一致，当需求预测值大于可确定的市场需求时，模型 O－R－S 和模型 D－R－S 的批发价格高于模型 O－R 的批发价格。当制造商从经销商那里获得呈增长趋势的市场需求信息时，制造商会提高批发价格以获得更多的利润。

如图 4－3 所示，模型 O－R 和模型 D－R 的收购价格保持不变，并且模型 O－R 的收购价格高于模型 D－R 的收购价格。值得注意的是，模型 D－R－S 的收购价格随需求预测值的增大呈单调递增趋势。当需求预测值等于可确定的市场需求时，模型 D－R－S 和模型 D－R 的收购价格相同，并且当需求预测值满足 $A = a_0 + (b + v)[v(2s_1 - s_2) + u]/v$ 时，模型 D－R－S 和模型 O－R 的收购价格相同。同时，在模型 D－R－S 中，经销商与制造商共享需求信息，在批发价格被提高的情况下，经销商发现提高收购价格来回收和再制造更多的废旧产品是有利可图的。因此，经销商希望通过从逆向物流中获得更高的利润来补偿信息共享带来的利润损失。

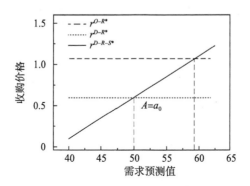

图 4－3　收购价格与需求预测值的变化关系

图 4－4 所示为需求预测精度的变化对经销商预期利润的影响。无论需求预测精度如何，模型 D－R 和模型 D－R－S 的经销商预期利润都会大于其他模型的经销商预期利润，并且模型 D－R 的经销商预期利润大于模型 D－R－S 的经销商预期利润，这与推论 4.4 和推论 4.9 所阐述的一致。由于经销商除了销售产品，还进行废旧产品的回收和再制造，因此其在模型 D－R 和模型

D－R－S中会获得双重收入。在模型D－R－S中，当经销商将自己的非公开信息转变为与制造商共享的信息时，经销商的利润会随着批发价格的上涨而减少。值得一提的是，在制造商再制造模式下，经销商遭受的损失最大。在这种模式下，制造商既生产新产品，又生产再制造产品，能够通过协调正向和逆向供应链从信息共享中获得更多利润。在实践中，尽管经销商在有信息共享的情况下遭受了利润损失，但其往往仍有动力进行类似的再制造活动，这样的动力可能来源于政府或者环境部门的一些补贴以及与其他供应链成员达成的合作契约[146－147]。

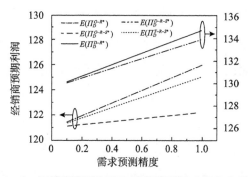

图 4 － 4　经销商预期利润与需求预测精度的变化关系

注：图中左、右纵轴均表示经销商预期利润。其中，←○表示按左轴的刻度值读取数据，○→表示按右轴的刻度值读取数据。图 4 － 5 相同。

　　如图 4 － 5 所示，在模型 N － R、模型 O － R 和模型 D － R 中，需求预测精度不会导致制造商预期利润发生变化。在有信息共享的情况下，制造商预期利润随着模型 N － R － S、模型 O － R － S 和模型 D － R － S 中需求预测精度的增大而增长。其中，模型 O － R － S 中制造商预期利润的增长幅度大于其他模型，这意味着具有信息共享的制造商再制造模式可以有效地提高制造商预期利润。而模型 D － R － S 中的制造商预期利润是所有模型中最高的，这可以理解为，制造商在模型 D － R － S 中进行再制造时，可以通过协调正向和逆向物流来做出更好的决策。另外，当制造商授权经销商和第三方进行再制造活动时，制造商可以通过向经销商和第三方收取许可费来获取再制造带来的收益。

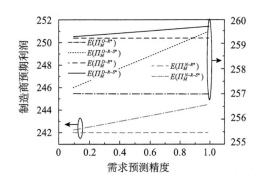

图 4 – 5   制造商预期利润与需求预测精度的变化关系

如图 4 – 6 所示，在无信息共享的情况下，第三方预期利润不会随着需求预测精度的变化而变化。无论需求预测精度如何变化，第三方都能从信息共享中获得利润。需求预测精度越高，第三方在模型 T – R – S 中所能获得的利润就越多。在经销商与制造商共享信息的情况下，由于模型 T – R – S 中的批发价格和零售价格有所增加，消费者不愿意以较低的价格出售废旧产品。在这种情况下，第三方有动机去提高收购价格，从消费者那里回收更多的废旧产品，从而提高模型 T – R – S 中废旧产品的需求和第三方利润。

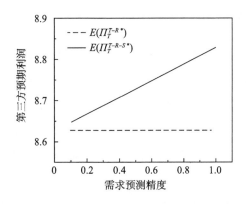

图 4 – 6   第三方预期利润与需求预测精度的变化关系

4.6　本章小结

本章在一个闭环供应链中构建了三种不同的再制造模式，即制造商进行再制造、经销商（拥有非公开的需求信息）和第三方获得技术许可后进行再制造，并根据均衡策略和供应链成员的利润对有/无信息共享的三种再制造模式展开了研究。

研究结果表明，在有信息共享的情况下，批发价格和零售价格会随着需求预测精度的提升而上涨，并且制造商负责再制造模式下的批发价格和零售价格均高于经销商/第三方再制造模式下的批发价格和零售价格。此外，有/无信息共享不会对制造商再制造模式下的收购价格和供给量产生影响。在经销商再制造模式和第三方再制造模式下，如果需求预测值相对较大，则有信息共享情况下的收购价格和需求大于无信息共享情况下的收购价格和需求。

需求预测精度对供应链成员的利润有正向影响。对于经销商而言，经销商再制造模式比其他再制造模式更能为经销商提供更高的利润。如果经销商与制造商共享自己的非公开信息，经销商总会遭受利润损失。在有技术许可的再制造模式下，经销商的利润损失将小于没有技术许可的情况。对于第三方而言，技术许可和信息共享都可以在闭环供应链中为其带来丰厚的收入。

此外，从制造商的角度来看，制造商始终可以从信息共享行为中受益。而具有信息共享的制造商再制造模式可以为制造商带来最大的利润增长。并且，在有信息共享的情况下，对于制造商来说的最优再制造模式取决于节约成本的大小。如果在经销商/第三方再制造模式下节约成本足够高，制造商愿意授权经销商/第三方来进行再制造，制造商可以通过向被授权者收取许可费来获取再制造收益，且许可费与每种再制造模式的节约成本成正比。

第 5 章

技术许可下考虑制造
商入侵的闭环供应链
信息共享策略研究

5.1　问题描述

随着电子商务的快速发展，许多原始设备制造商除了传统的线下渠道，还会直接通过在线渠道分销产品。原始设备制造商和零售商之间的竞争由此出现，这种竞争通常被称为"入侵"[148-150]。供应链入侵不仅可以帮助原始设备制造商灵活定价并控制分销渠道，还可以为消费者提供一种替代的购买方式[151-152]。在实践中，许多公司，如苹果、惠普、思科、戴尔等，都对双渠道包括零售商店和在线商店进行投资，来销售其产品[153]。然而，尽管入侵策略带来的好处显而易见，但在某些情况下，因为入侵成本高，原始设备制造商缺少增加直销渠道的动力。因此，原始设备制造商是否会入侵销售市场，主要取决于其进入成本和对销售市场的熟悉程度。具体来说，当原始设备制造商对需求信息一无所知时，他们很难确定入侵的收益是否能够超过入侵成本。同时，靠近市场的零售商往往拥有非公开的需求信息，并有权决定是否将信息与原始设备制造商共享。如果零售商向原始设备制造商披露信息，那么原始设备制造商将根据共享的信息战略性地做出定价和生产决策，并决定是否入侵。

综上所述，本章将信息共享和制造商入侵引入再制造活动中，并分析当原始设备制造商授权第三方进行再制造时信息共享和制造商入侵对均衡定价与生产决策的交互影响，使用博弈论方法研究闭环供应链中的制造商入侵策略。

5.2　模型假设与符号说明

　　本章考虑了由一个制造商、一个零售商和一个第三方再制造商组成的供应链。制造商同时生产新产品和再制造产品，并出售给零售商；第三方负责对废旧产品进行回收和再制造，并出售给零售商；零售商则通过传统零售渠道销售产品。除此之外，制造商也可以通过直接渠道向消费者销售产品。本章分析了信息共享和制造商入侵对最优定价和生产策略的交互影响。本节首先研究了制造商在四种情形下进行再制造活动的情况：制造商不入侵和没有信息共享的情形［模型 M－N－N，见图 5－1 (a)］；零售商与制造商共享信息时，制造商不入侵零售市场的情形［模型 M－N－S，见图 5－1 (b)］；制造商没有获得零售商的需求信息时，选择入侵零售市场的情形［模型 M－E－N，见图 5－1 (c)］；零售商与制造商共享信息时，制造商入侵零售市场的情形［模型 M－E－S，见图 5－1 (d)］。类似地，本章还研究了第三方经制造商许可后进行再制造活动的情况：制造商不入侵和没有信息共享的情形［模型 T－N－N，见图 5－1 (e)］；零售商与制造商共享信息时，制造商不入侵零售市场的情形［模型 T－N－S，见图 5－1 (f)］；制造商没有获得零售商的需求信息时，选择入侵零售市场的情形［模型 T－E－N，见图 5－1 (g)］；零售商与制造商共享信息时，制造商入侵零售市场的情形［模型 T－E－S，见图 5－1 (h)］。

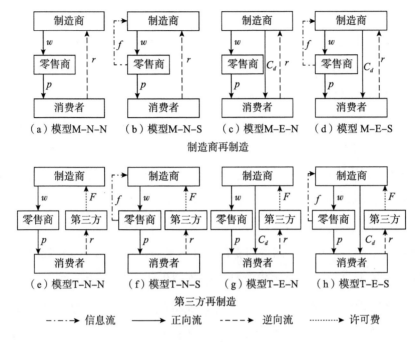

制造商再制造

第三方再制造

- --·→　信息流　　───→　正向流　　- - - →　逆向流　　·········→　许可费

图 5 - 1　考虑制造商入侵的闭环供应链再制造模型

本章相关模型的参数符号及说明见表 5 - 1。

表 5 - 1　参数符号及说明

参数符号	说明
w	批发价格
p_r、p_m	零售渠道和直销渠道的产品价格
c_n	生产新产品的成本
c_r、c_t	制造商和第三方生产再制造产品的成本
s_1、s_2	制造商和第三方再制造的节约成本
r	二手产品的回收价格
C_d	入侵成本
a	市场规模
b	渠道替代率
G	废旧产品的市场需求
F	经销商、第三方向制造商支付的许可费
Π	利润

其中，Π_i^m 和 $E(\Pi_i^m)$ 分别表示模型 m 中供应链成员 i 的利润和预期利润。上标 m 指代的是模型 M－N－N、模型 M－N－S、模型 M－E－N、模型 M－E－S、模型 T－N－N、模型 T－N－S、模型 T－E－N、模型 T－E－S，表示制造商再制造和第三方再制造模式下的无入侵无信息共享情形、无入侵有信息共享情形、有入侵无信息共享情形、有入侵有信息共享情形。下标 i 指代的是制造商（M）、零售商（R）、第三方（T）。假设 $\Delta E(\Pi_i^j)$ 为在模型 j（$j \in m$）中供应链成员 i 通过信息共享和制造商入侵获得的利润增量，上标 j 指代的是模型 M－N－S、模型 M－E－N、模型 M－E－S、模型 T－N－S、模型 T－E－N、模型 T－E－S。其他假设概述如下。

在模型中，零售商向制造商支付每件产品的批发价格为 w。如果制造商在零售市场中只向零售商销售产品，则传统零售渠道中的消费者需求可以用如下逆需求函数表示：$p_r = a - q_r$；如果制造商除了传统的零售渠道，还通过直销渠道销售产品，零售商将面临来自制造商的市场竞争。因此，假设传统零售渠道和直销渠道的逆需求函数分别为

$$p_r = a - q_r - bq_m$$
$$p_m = a - q_m - bq_r$$

上式中，下标 r 和 m 分别代表零售商的零售渠道和制造商的直销渠道。q_r 和 q_m 分别是零售商和制造商的销量。b 表示渠道间的替代率，取值范围为 $0 \leqslant b \leqslant 1$，$b$ 的取值越高，表明两个销售渠道之间的市场竞争越激烈。上述逆需求函数在研究供应链入侵的相关文献中已经得到了广泛的应用[148,154]。

与 Savaskan 等[6] 和 Atasu 等[104] 的研究类似，本章假设新产品的生产成本高于再制造产品的生产成本，即 $c_n > c_r$；制造商生产再制造产品的成本高于第三方生产的成本，即 $c_r > c_t$，$s_1 < s_2$，其中 $s_1 = c_n - c_r$，$s_2 = c_n - c_t$。此外，与 Bakal 和 Akcali[128] 及 Minner 和 Kiesmueller[129] 的研究一致，本章假设废旧产品的供给函数是关于收购价格 r 的线性函数，即 $G(r) = u + vr$，其

中 $u > 0$、$v > 0$，u 和 v 分别表示当 $r = 0$ 成立时废旧产品的供给量和消费者对收购价格的敏感度。与 Choi 等[7]的研究类似，假设所有的回收产品都可以成功地进行再制造，然后在相同的市场上与新产品一起销售。

本章假设市场潜在规模为随机变量，可表示为 $a = a_0 + e$，其中 a_0 和 e 分别表示市场规模中的可确定部分和不可确定部分。随机变量 e 的均值为 0，方差为 k；误差项 ε 的均值为 0，方差为 θ，这两项是相互独立的。此外，假设零售商可以获得需求信号 f，$f = a + \varepsilon$。与 Yue 和 Liu[123]以及 Li[130]的研究一致，本章信息结构假设为

$$E(a \mid f) = \frac{\theta}{k + \theta}a_0 + \frac{k}{k + \theta}f \equiv A$$

$$E((f - a_0)^2) = k + \theta$$

其中，$t = k/(k + \theta)$，表示零售商需求预测精度，$0 \leqslant t \leqslant 1$。$t = 1$ 和 $t = 0$，分别表示零售商的需求预测精度达到最高和最低。

随后分别描述在制造商再制造和第三方再制造模式下四种情形的最优定价和生产策略，包括无入侵无信息共享模型、无入侵有信息共享模型、制造商入侵无信息共享模型、制造商入侵有信息共享模型。

5.3　制造商再制造模式

在该模式下，制造商负责生产新产品和再制造产品，而零售商负责销售产品。博弈顺序如下：制造商首先决定批发价格 w 和收购价格 r，然后零售商决定零售渠道的销量 q_r。

5.3.1　无入侵无信息共享模型

这种情况与 2019 年之前汽车制造商丰田的情况类似，其在需求市场出

现了信息不对称的问题。此时零售商和制造商的最优预期利润为

$$\underset{q_r}{Max}E(\Pi_R^{M-N-N}) = E((a - q_r - w)q_r \mid f) \qquad (5-1)$$

$$\underset{w,r}{Max}E(\Pi_M^{M-N-N}) = E((w - c_n)q_r + (s_1 - r)G) \qquad (5-2)$$

零售渠道的最优销量 $q_r^{M-N-N*} = (A - w)/2$，由于零售商不与制造商共享信息，因此制造商零售渠道的预期销量 $q_r^{M-N-N**} = (a_0 - w)/2$。"$*$"和"$**$"分别代表均衡值和预期值。

命题 5.1 模型 M - N - N 的最优解为

$$w^{M-N-N*} = \frac{a_0 + c_n}{2}$$

$$r^{M-N-N*} = \frac{vs_1 - u}{2v}$$

将上述参数值重新代入式（5-1）和式（5-2），可得零售商和制造商的最优预期利润为

$$E(\Pi_R^{M-N-N*}) = \frac{(a_0 - c_n)^2 + 4kt}{16}$$

$$E(\Pi_M^{M-N-N*}) = \frac{(a_0 - c_n)^2}{8} + \frac{(u + vs_1)^2}{4v}$$

5.3.2 无入侵有信息共享模型

这种情形类似于丰田与硬蛋科技之间的合作，两家企业可整体构成一个智能的物联网平台，通过聚集多个零售商来实现市场信息的收集。此时零售商和制造商的最优预期利润为

$$\underset{q_r}{Max}E(\Pi_R^{M-N-S}) = E((a - q_r - w)q_r \mid f) \qquad (5-3)$$

$$\underset{w,r}{Max}E(\Pi_M^{M-N-S}) = E(((w - c_n)q_r + (s_1 - r)G) \mid f) \qquad (5-4)$$

可得零售商的最优销量 $q_r^{M-N-S*} = (A - w)/2$。

命题 5.2 模型 M - N - S 的最优解为

$$w^{M-N-S*} = \frac{A + c_n}{2}$$

$$r^{M-N-S*} = \frac{vs_1 - u}{2v}$$

将 q_r^{M-N-S*}、w^{M-N-S*} 和 r^{M-N-S*} 的值重新代入式（5-3）和式（5-4），简化后可得零售商和制造商的最优预期利润为

$$E(\Pi_R^{M-N-S*}) = \frac{(a_0 - c_n)^2 + 4kt}{16}$$

$$E(\Pi_M^{M-N-S*}) = \frac{(a_0 - c_n)^2 + kt}{8} + \frac{(vs_1 + u)^2}{4v}$$

5.3.3　制造商入侵无信息共享模型

该模型与日本一家大型饮料公司三得利的情况类似，该公司同时构建了在线直销渠道和零售商渠道，却没有获取特定的市场信息[77]。此时零售商和制造商的最优预期利润为

$$\underset{q_r}{Max} E(\Pi_R^{M-E-N}) = E((a - q_r - bq_m - w)q_r \mid f) \tag{5-5}$$

$$\underset{w,r,q_m}{Max} E(\Pi_M^{M-E-N}) = E((w - c_n)q_r + (p_m - c_n - C_d)q_m + (s_1 - r)G)$$

$$\tag{5-6}$$

可得零售商的最优销量 $q_r^{M-E-N*} = (A - w)/2$。因为制造商和零售商之间没有信息共享，所以对于制造商来说，零售商的预期销量 $q_r^{M-E-N**} = (a_0 - w)/2$。

命题 5.3　模型 M-E-N 的最优解为

$$w^{M-E-N*} = \frac{a_0 + c_n}{2}$$

$$r^{M-E-N*} = \frac{vs_1 - u}{2v}$$

$$q_m^{M-E-N*} = \frac{(2-b)(a_0 - c_n) - 2C_d}{2(2-b^2)}$$

随后，将 w^{M-E-N*}、r^{M-E-N*}、q_m^{M-E-N*} 的值重新代入式（5-5）和式（5-6），可得零售商和制造商的最优预期利润为

$$E(\Pi_R^{M-E-N*}) = \frac{[(1-b)(a_0 - c_n) + bC_d]^2}{4(2-b^2)^2} + \frac{kt}{4}$$

$$E(\Pi_M^{M-E-N*}) = \frac{(3-2b)(a-c_n)^2 - 2(2-b)(a-c_n)C_d + 2C_d^2}{4(2-b^2)} +$$

$$\frac{(u+vs_1)^2}{4v}$$

5.3.4 制造商入侵有信息共享模型

电子产品品牌企业，如戴尔、联想、苹果等，会在共享零售商的市场反馈信息的同时构建多个渠道来销售产品[155]。此时零售商和制造商的最优预期利润为

$$\underset{q_r}{Max}E(\Pi_R^{M-E-S}) = E((a - q_r - bq_m - w)q_r \mid f) \qquad (5-7)$$

$$\underset{w,r}{Max}E(\Pi_M^{M-E-S}) = E(((w-c_n)q_r + (a - q_m - bq_r - c_n - C_d)q_m +$$

$$(s_1 - r)G) \mid f) \qquad (5-8)$$

通过逆向归纳法，可得线下渠道的最优销量 $q_r^{M-E-S*} = (A-w)/2$。

命题 5.4　模型 M-E-S 的最优解为

$$w^{M-E-S*} = \frac{A+c_n}{2}$$

$$r^{M-E-S*} = \frac{vs_1 - u}{2v}$$

$$q_m^{M-E-S*} = \frac{(2-b)(A-c_n) - 2C_d}{2(2-b^2)}$$

将上述参数值重新代入式（5-7）和式（5-8），可得零售商和制造商

的最优预期利润为

$$E(\Pi_R^{M-E-S*}) = \frac{(1-b)^2 kt + [(1-b)(a_0-c_n)+bC_d]^2}{4(2-b^2)^2}$$

$$E(\Pi_M^{M-E-S*}) = \frac{(a-c_n)^2(3-2b)-2(2-b)(a-c_n)C_d+2C_d^2}{4(2-b^2)} +$$

$$\frac{(3-2b)kt}{4(2-b^2)} + \frac{(u+vs_1)^2}{4v}$$

5.4　第三方再制造商再制造模式

在该模式下，制造商只负责生产新产品，零售商负责产品销售，第三方负责对废旧产品进行再制造。供应链成员之间的关系可通过 Stackelberg 博弈来分析。首先，制造商决定批发价格 w。然后，零售商决定线下渠道的销量 q_r。最后，第三方根据制造商的策略决定收购价格 r。

5.4.1　无入侵无信息共享模型

现实中，英伟达等显卡制造商只构建了零售渠道，同时也通过认证的电子废弃物供应商为其提供回收渠道。此时，零售商、第三方、制造商的最优预期利润为

$$\underset{q_r}{Max} E(\Pi_R^{T-N-N}) = E((a-q_r-w)q_r \mid f) \qquad (5-9)$$

$$\underset{r}{Max} E(\Pi_T^{T-N-N}) = E((w-c_n+s_2-r-F)(u+vr)) \qquad (5-10)$$

$$\underset{w}{Max} E(\Pi_M^{T-N-N}) = E((w-c_n)q_r+(F-w+c_n)(u+vr)) \qquad (5-11)$$

可得传统零售渠道的最优销量 $q_r^{T-N-N*} = (A-w)/2$，而制造商和第三方对传统零售渠道的预期销量 $q_r^{T-N-N**} = (a_0-w)/2$。

命题 5.5　模型 T - N - N 的最优解为

$$w^{T-N-N*} = \frac{a_0 + (1 + 2v)c_n - vs_2 + 2vF - u}{2(1 + v)}$$

$$r^{T-N-N*} = \frac{vs_2 - 3u}{4v}$$

将 w^{T-N-N*} 和 r^{T-N-N*} 的值重新代入式（5-11），可得制造商的最优预期利润为

$$E(\Pi_M^{T-N-N*}) = \frac{2F + c_n - a_0 + vs_2 + u}{2(1 + v)} \cdot$$

$$\frac{v(a_0 - c_n) + (2 + v)vs_2 + 2v(v - 1)F + (2 + v)u}{4(1 + v)} +$$

$$\frac{a_0 - c_n - vs_2 + 2vF - u}{2(1 + v)} \cdot \frac{(1 + 2v)(a_0 - c_n) + vs_2 - 2vF + u}{4(1 + v)}$$

当 $\partial^2 E(\Pi_M^{T-N-N*})/F^2 = -v/(1 + v)^2 < 0$ 成立时，$E(\Pi_M^{T-N-N*})$ 是 F 的凹函数。因此，制造商利润最大化时，可得最优许可费为

$$F^{T-N-N*} = (va_0 - vc_n + vs_2 + u)/(2v)$$

随后，将 F^{T-N-N*} 的值代入 w^{T-N-N*}、r^{T-N-N*}、$E(\Pi_R^{T-N-N*})$、$E(\Pi_T^{T-N-N*})$ 和 $E(\Pi_M^{T-N-N*})$ 对应的公式中，可得简化后的最优解为

$$w^{T-N-N*} = \frac{a_0 + c_n}{2}$$

$$r^{T-N-N*} = \frac{vs_2 - 3u}{4v}$$

$$E(\Pi_R^{T-N-N*}) = \frac{(a_0 - c_n)^2 + 4kt}{16}$$

$$E(\Pi_T^{T-N-N*}) = \frac{(vs_2 + u)^2}{16v}$$

$$E(\Pi_M^{T-N-N*}) = \frac{(a_0 - c_n)^2}{8} + \frac{(vs_2 + u)^2}{8v}$$

5.4.2 无入侵有信息共享模型

联合利华公司通过沃尔玛和大润发等零售商来销售产品并与其共享零

售信息，同时也通过第三方来对产品进行回收[156-157]。此时零售商、第三方、制造商的最优预期利润为

$$\underset{q_r}{Max} E(\Pi_R^{T-N-S}) = E((a - q_r - w)q_r \mid f) \tag{5-12}$$

$$\underset{r}{Max} E(\Pi_T^{T-N-S}) = E((w - c_n + s_2 - r - F)(u + vr)) \tag{5-13}$$

$$\underset{w}{Max} E(\Pi_M^{T-N-S}) = E((w - c_n)q_r + (F - w + c_n)(u + vr) \mid f) \tag{5-14}$$

随后，可得线下渠道的最优销量 $q_r^{T-N-S*} = (A - w)/2$。

命题 5.6　模型 T-N-S 的最优解为

$$w^{T-N-S*} = \frac{A + (1 + 2v)c_n - vs_2 + 2vF - u}{2(1 + v)}$$

$$r^{T-N-S*} = \frac{vw - vc_n + vs_2 - vF - u}{2v}$$

将上述参数值重新代入式（5-14），可得制造商的最优预期利润为

$$E(\Pi_M^{T-N-S*}) = \frac{A - c_n - vs_2 - u + 2vF}{2(1 + v)} \cdot \frac{(1 + 2v)(A - c_n) + vs_2 + u - 2vF}{4(1 + v)} +$$

$$\frac{2F - A + c_n + vs_2 + u}{2(1 + v)} \cdot \frac{v(A - c_n) + (2 + v)(vs_2 + u) - 2vF}{4(1 + v)}$$

当 $\partial^2 E(\Pi_M^{T-N-S*})/F^2 = -v/(1 + v) < 0$ 成立时，可得 $E(\Pi_M^{T-N-S*})$ 是 F 的凹函数。因此，可得最优许可费 $F^{T-N-S*} = (va_0 - vc_n + vs_2 + u)/(2v)$。

随后，将 F^{T-N-S*} 的值代入 w^{T-N-S*}、r^{T-N-S*}、$E(\Pi_R^{T-N-S*})$、$E(\Pi_T^{T-N-S*})$ 和 $E(\Pi_M^{T-N-S*})$ 的相关公式中，可得简化后的最优价格和最优预期利润为

$$w^{T-N-S*} = \frac{A + va_0 + (1 + v)c_n}{2(1 + v)}$$

$$r^{T-N-S*} = \frac{A - a_0}{4(1 + v)} + \frac{vs_2 - 3u}{4v}$$

$$E(\Pi_R^{T-N-S*}) = \frac{(a_0 - c_n)^2 + 4kt}{16}$$

$$E(\Pi_T^{T-N-S*}) = \frac{(vs_2 + u)^2}{16v}$$

$$E(\Pi_M^{T-N-S*}) = \frac{(a_0 - c_n)^2 + kt}{8} + \frac{(vs_2 + u)^2}{8v}$$

5.4.3 制造商入侵无信息共享模型

该模型与海尔公司的情况类似，海尔公司同时运营两种模式的销售渠道并开展产品的回收活动，但缺乏对产品信息的把握[158]。此时，零售商、第三方、制造商的最优预期利润为

$$\underset{q_r}{Max}E(\Pi_R^{T-E-N}) = E((a - q_r - bq_m - w)q_r \mid f) \qquad (5-15)$$

$$\underset{r}{Max}E(\Pi_T^{T-E-N}) = E((w - c_n + s_2 - r - F)(u + vr)) \qquad (5-16)$$

$$\underset{w,q_m}{Max}E(\Pi_M^{T-E-N}) = E((w - c_n)q_r + (p_m - c_n - C_d)q_m +$$
$$(F - w + c_n)(u + vr)) \qquad (5-17)$$

通过逆向归纳法，可得线下渠道的最优销量 $q_r^{T-E-N*} = (A - w)/2$，因为制造商无法掌握需求信息，制造商对线下渠道的预期销量 $q_r^{T-E-N**} = (a_0 - w)/2$。

命题 5.7 模型 T－E－N 的最优解为

$$w^{T-E-N*} = \frac{a_0 + (1 + 2v)c_n - vs_2 + 2vF - u}{2 + 2v}$$

$$r^{T-E-N*} = \frac{vw - vc_n + vs_2 - vF - u}{2v}$$

$$q_m^{T-E-N*} = \frac{(2 - b)(a_0 - c_n) - 2C_d}{2(2 - b^2)}$$

将上述参数值重新代入式（5-17），可得制造商的最优预期利润为

$$E(\Pi_M^{T-E-N*}) = (w - c_n)\frac{a_0 - w}{2} + (F - w + c_n)\frac{vw - vc_n + vs_2 - vF + u}{2} +$$
$$\frac{(2 - b)(1 - b^2)a_0 + (2b^2 - b - 2)c_n - 2(b^2 - 1)C_d + b(2 - b^2)w}{2(2 - b^2)}.$$

$$\frac{(2 - b)(a_0 - c_n) - 2C_d}{2(2 - b^2)}$$

当 $\partial^2 E(\Pi_M^{T-E-N*})/F^2 = -v/(1 + v) < 0$ 成立时，可得 $E(\Pi_M^{T-E-N*})$ 是 F 的凹函数。制造商利润 $E(\Pi_M^{T-E-N*})$ 最大化时，可得最优许可费为 $F^{T-E-N*} = (va_0 - vc_n + vs_2 + u)/(2v)$。

此外，将 F^{T-E-N*} 的值代入 w^{T-E-N*}、r^{T-E-N*}、$E(\Pi_R^{T-E-N*})$、$E(\Pi_T^{T-E-N*})$ 和 $E(\Pi_M^{T-E-N*})$ 的相关公式中，可得简化后的均衡解为

$$w^{T-E-N*} = \frac{a_0 + c_n}{2}$$

$$r^{T-E-N*} = \frac{vs_2 - 3u}{4v}$$

$$E(\Pi_R^{T-E-N*}) = \frac{[(b - 1)(a_0 - c_n) + bC_d]^2}{4(2 - b^2)^2} + \frac{kt}{4}$$

$$E(\Pi_T^{T-E-N*}) = \frac{(vs_2 + u)^2}{16v}$$

$$E(\Pi_M^{T-E-N*}) = \frac{(3 - 2b)(a_0 - c_n)^2 - 2(2 - b)(a_0 - c_n)C_d + 2C_d^2}{4(2 - b^2)} +$$

$$\frac{(vs_2 + u)^2}{8v}$$

5.4.4　制造商入侵有信息共享模型

惠普公司是该模式的一个典型案例，它同时运营直销和零售渠道，并通过第三方来为用户提供回收服务[159]。零售商、第三方和制造商的最优预期利润为

$$\underset{q_r}{Max} E(\Pi_R^{T-E-S}) = E((a - q_r - bq_m - w)q_r \mid f) \qquad (5-18)$$

$$MaxE_r(\Pi_T^{T-E-S}) = E((w - c_n + s_2 - r - F)(u + vr)) \quad (5-19)$$

$$MaxE_{w,q_m}(\Pi_M^{T-E-S}) = E((w - c_n)q_r + (p_m - c_n - C_d)q_m +$$
$$(F - w + c_n)(u + vr) \mid f) \quad (5-20)$$

命题 5.8 模型 T-E-S 的最优解为

$$w^{T-E-S*} = \frac{A + (2v + 1)c_n - vs_2 + 2vF - u}{2(v + 1)}$$

$$r^{T-E-S*} = \frac{vw - vc_n + vs_2 - vF - u}{2v}$$

$$q_r^{T-E-S*} = \frac{(2v + 1)(A - c_n) + vs_2 - 2vF + u}{4(v + 1)}$$

$$q_m^{T-E-S*} = \frac{(2 - b)(A - c_n) - 2C_d}{2(2 - b^2)}$$

将上述参数值重新代入式 (5-20)，简化后可得制造商的最优预期利润为

$$E(\Pi_M^{T-E-S*}) = \frac{A - vs_2 + 2vF - u - c_n}{2(v + 1)} \cdot \frac{A - w}{2} +$$
$$\frac{2F - A + c_n + vs_2 + u}{2(v + 1)} \cdot \frac{vw - vc_n + vs_2 - vF + u}{2} +$$
$$\frac{(2 - b - 2b^2 + b^3)A + (2b^2 - b - 2)c_n + b(2 - b^2)w + (2b^2 - 2)C_d}{2(2 - b^2)} \cdot$$
$$\frac{(2 - b)(A - c_n) - 2C_d}{2(2 - b^2)}$$

当 $\partial^2 E(\Pi_M^{T-E-S*})/F^2 = -v/(1 + v) < 0$ 成立时，可得 $E(\Pi_M^{T-E-S*})$ 是 F 的凹函数。在模型 T-E-S 中，$E(\Pi_M^{T-E-S*})$ 最大化时，可得最优许可费为 $F^{T-E-S*} = (va_0 - vc_n + vs_2 + u)/(2v)$。

随后，将 F^{T-E-S*} 的值代入 w^{T-E-S*}、r^{T-E-S*}、$E(\Pi_R^{T-E-S*})$、$E(\Pi_T^{T-E-S*})$ 和 $E(\Pi_M^{T-E-S*})$ 的相关公式中，可得简化后的最优解为

$$w^{T-E-S*} = \frac{A + va_0 + (1 + v)c_n}{2(1 + v)}$$

$$r^{T-E-S*} = \frac{A - a_0}{4(1 + v)} + \frac{vs_2 - 3u}{4v}$$

$$E(\Pi_R^{T-E-S*}) = \frac{(1 - b)^2 kt + [(1 - b)(a_0 - c_n) + bC_d]^2}{4(2 - b^2)^2}$$

$$E(\Pi_T^{T-E-S*}) = \frac{(vs_2 + u)^2}{16v}$$

$$E(\Pi_M^{T-E-S*}) = \frac{(3 - 2b)kt + (3 - 2b)(a_0 - c_n)^2 - 2(2 - b)(a_0 - c_n)C_d + 2C_d^2}{4(2 - b^2)} +$$

$$\frac{(vs_2 + u)^2}{8v}$$

5.5　比较分析

在上述分析的基础上，本节进一步比较了两种再制造模式下的均衡解，并研究了信息共享对供应链成员的影响。

推论 5.1　最优收购价格和废旧产品的需求满足以下关系：

如果 $s_2 > (2vs_1 + u)/v$ 成立，可得 $r^{T-N-N*} > r^{M-N-N*}$，$G^{T-N-N*} > G^{M-N-N*}$；$r^{T-N-S*} > r^{M-N-S*}$，$G^{T-N-S*} > G^{M-N-S*}$；$r^{T-E-N*} > r^{M-E-N*}$，$G^{T-E-N*} > G^{M-E-N*}$；$r^{T-E-S*} > r^{M-E-S*}$，$G^{T-E-S*} > G^{M-E-S*}$。

推论 5.1 表明，如果第三方的节约成本足够高，第三方将愿意提供更高的收购价格来回收更多的废旧产品，并最终从再制造活动中获利。如果第三方意识到再制造活动是有利可图的，那么其将会付出努力去回收和再加工废旧产品。

推论 5.2　制造商的最优预期利润满足以下关系：

如果 $s_2 > \sqrt{2}s_1 + (\sqrt{2} - 1)u/v$ 成立，可得 $E(\Pi_M^{T-N-N*}) > E(\Pi_M^{M-N-N*})$，$E(\Pi_M^{T-N-S*}) > E(\Pi_M^{M-N-S*})$，$E(\Pi_M^{T-E-N*}) > E(\Pi_M^{M-E-N*})$ 和 $E(\Pi_M^{T-E-S*}) >$

$E(\Pi_M^{M-E-S*})$。

推论 5.2 表明，当第三方的节约成本相对较大时，在相同的信息共享和制造商入侵情况下，制造商在第三方再制造模式下的利润大于在制造商再制造模式下的利润。如果第三方可以通过回收和再制造废旧产品来获得更多的成本节约，就可以从再制造活动中获取更多的利润，随后制造商可以通过收取更高的许可费从再制造活动中获得利润。

推论 5.3 零售商的最优预期利润满足以下关系：

（1）$E(\Pi_R^{M-N-N*}) > E(\Pi_R^{M-N-S*})$，$E(\Pi_R^{M-E-N*}) > E(\Pi_R^{M-E-S*})$，$E(\Pi_R^{T-N-N*}) > E(\Pi_R^{T-N-S*})$，$E(\Pi_R^{T-E-N*}) > E(\Pi_R^{T-E-S*})$。

（2）如果 $C_d > (2-b)(a_0-c_n)/2$，可得 $E(\Pi_R^{M-E-N*}) > E(\Pi_R^{M-N-N*})$，$E(\Pi_R^{T-E-N*}) > E(\Pi_R^{T-N-N*})$。

（3）如果 $C_d > [\sqrt{(2-b^2)^2(a_0-c_n)^2+(b^4-5b^2+2b+3)kt}-(1-b)(a_0-c_n)]/b$ 成立，可得 $E(\Pi_R^{M-E-S*}) > E(\Pi_R^{M-N-S*})$，$E(\Pi_R^{T-E-S*}) > E(\Pi_R^{T-N-S*})$。

推论 5.3（1）表明，在相同的制造商入侵情况下，零售商在无信息共享时的利润大于有信息共享时的利润。换句话说，信息共享会导致零售商的利润受损，而信息共享会鼓励制造商优化生产和销售流程以获得更多收入。在现实中，为了实现信息共享，制造商可以与零售商达成信息共享协议来补偿其利润损失[160]。从推论 5.3（2）可得，在没有信息共享的情况下，当入侵成本足够高即 $C_d > (2-b)(a_0-c_n)/2$ 时，与无入侵的情况相比，入侵行为会提高零售商的盈利能力。此外，当供应商与制造商共享信息时，推论 5.3（3）表明，当制造商的入侵成本相对较高即 $C_d > [\sqrt{(2-b^2)^2(a_0-c_n)^2+(b^4-5b^2+2b+3)kt}-(1-b)(a_0-c_n)]/b$ 时，零售商的利润会提高。研究结果发现，制造商不能以较高的入侵成本从直接渠道获得更多的利润，而是会选择通过零售商渠道销售更多的产品来增加零售商的利润。以上分析阐明了制造商的入侵行为并不总是对零售商构成威胁。此外，只要入侵行为不在零售市场形成极端竞争，制造商入侵就可以提高零售商的利润。

推论 5.4　制造商的最优预期利润满足以下关系：

（1）制造商负责再制造时，可得 $E(\Pi_M^{M-N-S*}) > E(\Pi_M^{M-N-N*})$，$E(\Pi_M^{M-E-S*}) > E(\Pi_M^{M-E-N*})$，$E(\Pi_M^{M-E-N*}) > E(\Pi_M^{M-N-N*})$ 和 $E(\Pi_M^{M-E-S*}) > E(\Pi_M^{M-N-S*})$。

（2）第三方负责再制造时，可得 $E(\Pi_M^{T-N-S*}) > E(\Pi_M^{T-N-N*})$，$E(\Pi_M^{T-E-S*}) > E(\Pi_M^{T-E-N*})$，$E(\Pi_M^{T-E-N*}) > E(\Pi_M^{T-N-N*})$ 和 $E(\Pi_M^{T-E-S*}) > E(\Pi_M^{T-N-S*})$。

推论 5.4 表明，当制造商负责再制造时，在相同的制造商入侵情况下，制造商总是可以从信息共享中获得更多的利润。当制造商从零售商处获取非公开信息时，制造商可以根据共享信息做出更好的定价决策，从而可以获得更多利润。此外，制造商在入侵情况下的利润总是高于不入侵情况下的利润。这与实际情况相似，例如企业会建立实体店或网上商店来销售电子产品以赚取更多收入[157]。总之，存在入侵行为和信息共享的情况下，制造商总是会获得更高的利润。

5.6　数值分析

本节通过数值算例，分析需求预测精度 t 和制造商入侵成本 C_d 对供应链成员利润的影响。本节假设 $a_0 = 80$，$b = 0.4$，$u = 3.5$，$v = 4$，$c_n = 10$，$s_1 = 3$，$s_2 = 7$，$C_d = 60$，$t = 0.7$ 和 $k = 20$。图 5-2～图 5-6 总结了数值算例得出的结果。

从图 5-2（a）可以看出，在不同的需求预测值下，模型 M-N-N、模型 M-E-N、模型 T-N-N 和模型 T-E-N 的批发价格都保持不变，因为此时不存在信息共享。此外，模型 M－N－S、模型 M－E－S、模型 T－N－S 和模型 T－E－S 的批发价格会随着需求预测值的增加而增加。如果需求预测值大于可确定的需求量，则模型 M－N－S 和模型 M－E－S 的批发价格高于模型 T－N－S 和模型 T－E－S 的批发价格，这表明制造商对需求预测值比第三方更敏感，在面对市场需求增加时会设定更高的批发价格。图 5－2（b）展示了所有情形下收购价格随需求预测值的变化情况。制造商负责再制造时，收购价格保持不变。然而当第三方负责再制造时，在无信息共享的情况下，收购价格为不变的常数；在有信息共享的情况下，收购价格随需求预测值的提高呈单调递增趋势。这可以理解为，在信息共享的情况下，第三方有动机通过提高收购价格来回收更多的废旧产品。

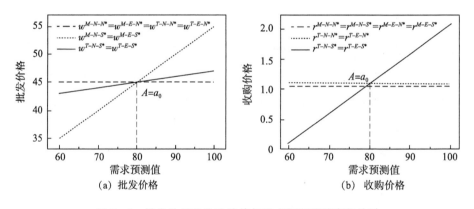

图 5－2　批发价格和收购价格与需求预测值的变化关系

从图 5－3 可以看出，制造商负责再制造时，所有模型中零售商预期利润都随着需求预测精度的提高而增加。零售商在模型 M－E－N 中的利润最大，在模型 M－N－S 中的利润最小。当需求预测精度更高时，零售商可以做出更准确的定价决策，实现利润最大化。此外，制造商入侵可以为零售商带来利润的增加，而信息共享会使零售商遭受利润损失。因为当制造商增加新的销售渠道来销售产品时，零售商会降低销售价格以应对来自制造商的竞争，获得更多的利润。当零售商选择与制造商共享信息时，制造商将调整其定价决策，因此，零售商的利润将因制造商做出的决策而减少。

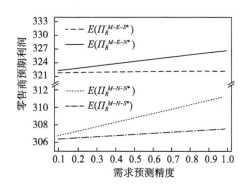

图 5 - 3　零售商预期利润与需求预测精度的变化关系

图 5 - 4 表明，在有信息共享的情况下，制造商预期利润随着需求预测精度的提高而逐渐增加，而在无信息共享的情况下，制造商预期利润与需求预测精度无关。在同样的再制造模式和制造商入侵的情形下，由于制造商可以根据零售商共享的非公开信息来决定适当的批发价格从而增加自身的利润，因此对于制造商来说，有信息共享的情况要优于无信息共享的情况。而且，与制造商再制造模式相比，由于第三方再制造模式中第三方的节约成本更大，因此第三方再制造模式可以为制造商带来更多的收入。

研究发现，当制造商增加直销渠道销售产品时，直销渠道成本对零售商的利润有正向影响。当不存在制造商的直销渠道时，随着直销渠道成本的增加，零售商的利润保持不变。如图 5 - 5 所示，当入侵成本相对较大时，零售商在制造商入侵情况下的利润大于无制造商入侵情况下的利润。研究发现，如果制造商的直销渠道成本足够高，制造商会提高直销渠道的销售价格，然后消费者将会选择以相对较低的价格从零售商那里购买产品。此时，由于需求量的提高，零售商的利润将会增加。

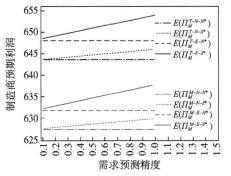

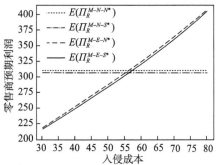

图5-4　制造商预期利润与需求　　　图5-5　零售商预期利润与

预测精度的变化关系　　　　　　　　　入侵成本的变化关系

图5-6展示了制造商预期利润随入侵成本变化的情况。随着入侵成本的增加，制造商的利润由最初的下降转向上升。当入侵成本相对较低时，直接渠道和间接渠道之间的竞争更加激烈，制造商的利润随入侵成本的增加而下降。然而，当入侵成本足够高时，制造商更愿意将新产品批发给零售商，然后其利润将随入侵成本的增加而上升。此外，制造商的利润在模型T-E-S中可以实现最大化。当第三方再制造模式下同时存在制造商入侵和信息共享时，制造商可以根据共享的信息来确定最优定价策略，并从直接和间接渠道中获利，同时较大的节约成本使制造商更加愿意授权第三方进行再制造活动。

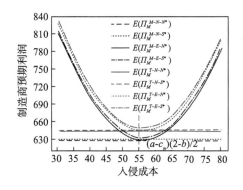

图5-6　制造商预期利润与入侵成本的变化关系

表 5 - 2 展示了零售商和制造商的最优预期利润与需求预测精度和入侵成本的关系。研究发现，当入侵成本低、需求预测精度高时，制造商可以获得最优预期利润；而当入侵成本高、需求预测精度高时，零售商可以获得最优预期利润。此外，不同入侵成本下的零售渠道最优销量如表 5 - 3 所示。无论谁负责再制造，在入侵成本相对较高的情况下，零售渠道的销量都能在制造商入侵时取得最大值。此外，表 5 - 4 给出了最优批发价格和最优收购价格随需求预测值的变化情况。研究发现，当需求预测值相对较小时，在有信息共享的制造商再制造模式下，即模型 M - N - S 和模型 M - E - S，批发价格达到最低。然而，当需求预测值相对较大时，在有信息共享的第三方再制造模式下，即模型 T - N - S 和模型 T - E - S，收购价格达到最高，这与上述对比分析得出的结果一致。

表 5 - 2　制造商和零售商的最优预期利润与需求预测精度和入侵成本的关系

		$E(\Pi_M^{M-N-N*})$	$E(\Pi_M^{M-N-S*})$	$E(\Pi_M^{M-E-N*})$	$E(\Pi_M^{M-E-S*})$	$E(\Pi_M^{T-N-N*})$	$E(\Pi_M^{T-N-S*})$	$E(\Pi_M^{T-E-N*})$	$E(\Pi_M^{T-E-S*})$
$C_d = 60$	$t = 0.2$	627.5156	628.0156	631.8634	633.0591	643.5078	644.0078	647.8556	649.0512
	$t = 0.7$	627.5156	629.2656	631.8634	636.0482	643.5078	645.2578	647.8556	652.0404
	$t = 0.9$	627.5156	629.7656	631.8634	637.2439	643.5078	645.7578	647.8556	653.2360
$t = 0.7$	$C_d = 40$	627.5156	629.2656	697.0808	701.2656	643.5078	645.2578	713.0730	**717.2578**
	$C_d = 55$	627.5156	629.2656	627.7874	631.9722	643.5078	645.2578	643.7796	647.9643
	$C_d = 70$	627.5156	629.2656	680.7765	684.9613	643.5078	645.2578	696.7687	700.9535
		$E(\Pi_R^{M-N-N*})$	$E(\Pi_R^{M-N-S*})$	$E(\Pi_R^{M-E-N*})$	$E(\Pi_R^{M-E-S*})$	$E(\Pi_R^{T-N-N*})$	$E(\Pi_R^{T-N-S*})$	$E(\Pi_R^{T-E-N*})$	$E(\Pi_R^{T-E-S*})$
$C_d = 60$	$t = 0.2$	307.25	306.5	322.6564	321.7628	307.25	306.5	322.6564	321.7627
	$t = 0.7$	309.75	307.125	325.1564	322.0286	309.75	307.125	325.1564	322.0285
	$t = 0.9$	310.75	307.375	326.1564	322.1349	310.75	307.375	326.1564	322.1349
$t = 0.7$	$C_d = 40$	309.75	307.125	251.9050	248.7771	309.75	307.125	251.9050	248.7772
	$C_d = 55$	309.75	307.125	305.9575	302.8296	309.75	307.125	305.9575	302.8296
	$C_d = 70$	309.75	307.125	**365.3266**	362.1987	309.75	307.125	**365.3266**	362.1987

注：$A = a_0 = 80$。

表 5 – 3　不同入侵成本下的零售渠道最优销量

		q_r^{M-N-N*}	q_r^{M-N-S*}	q_r^{M-E-N*}	q_r^{M-E-S*}	q_r^{T-N-N*}	q_r^{T-N-S*}	q_r^{T-E-N*}	q_r^{T-E-S*}
	$C_d=40$	17.5	17.5	15.760	15.760	17.5	17.5	15.760	15.760
$t=0.7$	$C_d=55$	17.5	17.5	17.391	17.391	17.5	17.5	17.391	17.391
	$C_d=70$	17.5	17.5	**19.021**	**19.021**	17.5	17.5	**19.021**	**19.021**

注：$A=a_0=80$，C_d 是变量。

表 5 – 4　最优批发价格和最优收购价格随需求预测值的变化情况

		w^{M-N-N*}	w^{M-N-S*}	w^{M-E-N*}	w^{M-E-S*}	w^{T-N-N*}	w^{T-N-S*}	w^{T-E-N*}	w^{T-E-S*}
	$A=70$	45	**40**	45	**40**	45	44	45	44
$a_0=80$	$A=80$	45	45	45	45	45	45	45	45
	$A=90$	45	50	45	50	45	46	45	46
		r^{M-N-N*}	r^{M-N-S*}	r^{M-E-N*}	r^{M-E-S*}	r^{T-N-N*}	r^{T-N-S*}	r^{T-E-N*}	r^{T-E-S*}
	$A=70$	1.062	1.062	1.062	1.062	1.093	0.593	1.093	0.593
$a_0=80$	$A=80$	1.062	1.062	1.062	1.062	1.093	1.093	1.093	1.093
	$A=90$	1.062	1.062	1.062	1.062	1.093	**1.593**	1.093	**1.593**

5.7　本章小结

　　本章研究了闭环供应链中零售商的信息共享行为与原始设备制造商入侵之间的相互作用，构建了制造商再制造和第三方（经技术许可后）再制造模式下的无入侵无信息共享、无入侵有信息共享、制造商入侵无信息共享和制造商入侵有信息共享的四种情形。本研究采用Stackelberg博弈来求得最优定价和生产策略，系统地研究了信息共享和原始设备制造商入侵的影响及其交互作用对正向供应链销售活动和逆向供应链回收活动的影响。

本章研究结论表明，制造商入侵不会影响批发价格，只有当需求预测值大于需求实际值时，有信息共享情况下的批发价格才会高于无信息共享情况下的批发价格。当需求预测值超过实际值时，信息共享情况下的许可费大于无信息共享情况下的许可费。当零售商与制造商共享信息时，零售商将遭受利润损失，但更高的需求预测精度将会给零售商带来更高的利润。同时，只有当制造商入侵成本相对较高时，制造商入侵的情况才能为零售商带来利润的增加。此外，从制造商的角度来看，只有当第三方节约成本足够高时，第三方再制造模式才会优于制造商再制造模式。当制造商从零售商那里获取到非公开的需求信息时，制造商总能获得更高的利润。

第 6 章

技术许可下考虑学习效应的闭环供应链信息共享策略研究

6.1　问题描述

近年来，研究人员和从业者已经认识到学习效应对供应链管理的重要性[161]。学习型曲线的概念已被引入不同的管理决策中，包括生产计划和质量可控性等。学习效应已被证明是应对激烈市场竞争的有效工具[162]，因此通过对学习效应的运用，决策者可以建立不同的学习模型，以协调整个供应链的生产和分配。尽管学习效应在逆向物流中得到了广泛的研究[39,163]，但是现有文献中少有研究学习效应对同时存在正向物流和逆向物流的供应链下最优生产和定价策略的影响。

再制造是一种有效且可持续降低资源成本的发展战略，已被政府和商界采用[59]。再制造有助于原始设备制造商回收和再利用废弃电子产品，来满足如 WEEE 指令等强制性要求[164]。类似的现象在实践中已经存在，施乐、苹果和三星等公司已经开始在市场上对废旧产品进行再加工和再销售[165]。同时，供应链成员之间的信息共享可以减轻牛鞭效应，更好地协调生产和库存。

因此，本章通过构建三种再制造模式：无再制造、原始设备制造商再制造和技术许可下的第三方再制造商再制造模式，研究闭环供应链中信息共享与学习效应之间的相互作用，并考虑如何区分不同模型在无信息共享和有信息共享这两种情况下的均衡决策，并从每个供应链成员和环境的角度分析最优再制造模式以及学习效应和信息共享对最优决策和利润的影响。

6.2　模型假设与符号说明

本章考虑了由一个零售商、一个原始设备制造商和一个第三方再制造商组成的双周期供应链模型。零售商销售产品，并同时选择是否与他人共享信息；原始设备制造商生产产品，并通过技术许可授权第三方再制造商参与再制造活动。在第一周期中，并非所有模型中都存在再制造活动。在第二周期中，原始设备制造商或第三方再制造商开始进行废旧产品的再制造，以无再制造模型作为基准。供应链结构如图 6-1 所示。

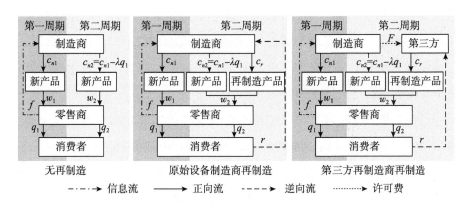

图 6-1　考虑学习效应的闭环供应链模型

表 6-1 为相应的参数符号及说明。其中，Π_i^m 和 $E(\Pi_i^m)$ 分别表示模型 m 中供应链成员 i 的利润和预期利润。$E(\Pi_{1i}^m)$ 和 $E(\Pi_{2i}^m)$ 分别表示供应链成员 i 在第一周期和第二周期的预期利润。上标 m 指代模型，即模型 N、模型 NS、模型 M、模型 MS、模型 T 和模型 TS，分别表示无/有信息共享时闭环供应链的无再制造模式、原始设备制造商再制造模式和第三方再制造商再制造模式。下标 i 指代供应链成员，包括零售商（R）、原始设备制造商（M）和第三方再制造商（T）。

表 6 – 1　参数符号及说明

设置	说明
t	第 t 周期，其中 $t = \{1, 2\}$
参数符号	
c_{nt}	第 t 周期内制造新产品的成本
c_r	处理废旧产品的成本
a	市场规模
A	需求预测值
δ	需求预测精度
b	消费者对零售价格的敏感度
a_0、e	市场规模的确定部分和不确定部分
λ	学习效应因子
u	收购价格等于零时的收购量
v	消费者对收购价格的敏感度
决策变量	
w_t	t 周期内的批发价格
p_t	t 周期内的产品销售价格
q_t	t 周期内的产品销售量
r	向消费者提供的废旧产品的收购价格
G	废旧产品的收购量
F	制造商向第三方收取的许可费用
Π	利润

根据现有研究[8]，假设生产新产品的支出超过生产再制造产品的支出，即 $c_{n1} > c_r$。De Giovanni 和 Zaccour[127] 的研究中，使用了类似的逆需求函数来描述 p 和 q 之间的关系，即

$$p = a - bq \tag{6-1}$$

其中 a 和 b 分别表示市场规模和消费者对零售价格的敏感度，并且 $a > 0$，$b > 0$，$a > bc_{n1}$。

废旧产品的收购量随着收购价格 r 的提高呈单调递增趋势，表示为

$$G(r) = u + vr \tag{6-2}$$

其中 u（$u>0$）和 v（$v>0$）分别是 $r=0$ 时的收购量和消费者对收购价格的敏感度因子，这一函数常被应用于以前的研究中[130]。假设所有从消费者那里收集的废旧产品都可以被再制造和销售[7]。与 Aras 等[166]的研究类似，再制造产品以与新产品相同的价格出售，并且与新产品没有任何差异。例如，柯达的再制造相机和新相机是完全可以相互替代的。

将市场规模定义为 $a = a_0 + e$，令 a_0 和 e 分别表示需求的确定项和不确定项。其中，e 是一个均值为 0、方差为 k 的随机变量。零售商拥有的需求信息为 $f = a + \varepsilon$，其中 ε 是一个均值为 0、方差为 θ 的误差项，e 和 ε 是相互独立的。与 Yue 和 Liu[123]一致，模型中信息结构假设如下：

$$E(a \mid f) = \frac{\theta}{k+\theta}a_0 + \frac{k}{k+\theta}f \equiv A \tag{6-3}$$

$$E((f-a_0)^2) = k+\theta \tag{6-4}$$

其中 $\delta = k/(k+\theta)$ 表示零售商需求预测精度，均匀分布在 0 到 1 之间，即 $0 \leq \delta \leq 1$。

6.3　无再制造模式

本章考虑了一个双周期的策略问题。在第一周期开始时，零售商选择向原始设备制造商是否透露其非公开的需求信息。随后，原始设备制造商决定第一周期的批发价格。在第二周期，原始设备制造商或第三方再制造商开始进行废旧产品的再制造。原始设备制造商与第三方再制造商之间的合作关系是通过许可的方式形成的。本章研究了三种再制造模式，即无再制造、原始设备制造商再制造和第三方再制造商再制造模式。与 Savaskan 和 Van Wassenhove[9]的研究类似，假设作为渠道领导者的原始设备制造商相对于零售商和第三方再制造商来说，他们拥有优先进行决策的权利。

在不存在再制造的情形下，研究了原始设备制造商在有/无信息共享时仅负责新产品生产的情况。在第一周期，原始设备制造商以 w_1 的价格和 q_1 的数量将新产品批发给零售商。在第二周期开始之前，如果零售商向原始设备制造商共享需求信息，制造商则可以做出相关的战略决策。相应的流程图如图 6 - 2 所示。

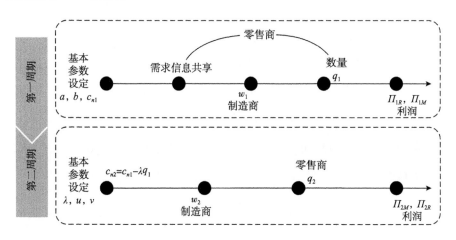

图 6 - 2　无再制造模式下的流程图

6.3.1　无信息共享模型

（1）第一周期：如果没有信息共享，原始设备制造商只负责制造新产品，那么该模式下的最优预期利润为

$$\underset{q_1}{Max}E(\Pi_{1R}^N) = E((a - bq_1 - w_1)q_1 \mid f) \tag{6-5}$$

$$\underset{w_1}{Max}E(\Pi_{1M}^N) = E((w_1 - c_{n1})q_1) \tag{6-6}$$

随后，采用逆向归纳法求解，结果在命题 6.1 中呈现。

命题 6.1　对于模型 N 来说，第一周期的最优策略为

$$w_1^{N*} = \frac{a_0 + c_{n1}}{2}$$

117

$$q_1^{N*} = \frac{2A - a_0 - c_{n1}}{4b}$$

将 w_1^{N*} 和 q_1^{N*} 代入式（6-5）和式（6-6），可得第一周期的最优预期利润为

$$E(\Pi_{1R}^{N*}) = [4k\delta + (a_0 - c_{n1})^2]/(16b)$$

$$E(\Pi_{1M}^{N*}) = (a_0 - c_{n1})^2/(8b)$$

结果表明 δ 的提高能使零售商获益。

（2）第二周期：最优问题即将预期利润最大化，可得

$$\underset{q_2}{Max}E(\Pi_{2R}^{N}) = E((a - bq_2 - w_2)q_2 \mid f) \qquad (6-7)$$

$$\underset{w_2}{Max}E(\Pi_{2M}^{N}) = E((w_2 - c_{n1} + \lambda q_1)q_2) \qquad (6-8)$$

随后，使用逆向归纳法求得均衡解，并将其呈现在命题6.2中。

命题6.2 对于模型 N 来说，第二周期的最优策略为

$$w_2^{N*} = \frac{(4b + \lambda)(a_0 + c_{n1}) - 2\lambda A}{8b}$$

$$q_2^{N*} = \frac{(4b + \lambda)(2A - a_0 - c_{n1})}{16b^2}$$

将 w_2^{N*} 和 q_2^{N*} 代入式（6-7）和式（6-8），供应链成员的最优预期利润为

$$E(\Pi_{2R}^{N*}) = (4b + \lambda)^2[4k\delta + (a_0 - c_{n1})^2]/(256b^3)$$

$$E(\Pi_{2M}^{N*}) = [4\lambda(4b + \lambda)k\delta + (4b + \lambda)^2(a_0 - c_{n1})^2]/(128b^3)$$

结果表明零售商和原始设备制造商的利润总是随着 δ 和 λ 的提高而增长。

6.3.2 有信息共享模型

（1）第一周期：在模型 NS 中，零售商选择向原始设备制造商传递其非公开的需求信息，其最优预期利润为

$$MaxE_{q_1}(\Pi_{1R}^{NS}) = E((a - bq_1 - w_1)q_1 \mid f) \qquad (6-9)$$

$$MaxE_{w_1}(\Pi_{1M}^{NS}) = E((w_1 - c_{n1})q_1 \mid f) \qquad (6-10)$$

命题 6.3 对于模型 NS 来说，第一周期的最优解为

$$w_1^{NS*} = \frac{A + c_{n1}}{2}$$

$$q_1^{NS*} = \frac{A - c_{n1}}{4b}$$

最优预期利润可通过将 w_1^{NS*} 和 q_1^{NS*} 代入式（6-9）和式（6-10）
求得：

$$E(\Pi_{1R}^{NS*}) = [k\delta + (a_0 - c_{n1})^2]/(16b)$$

$$E(\Pi_{1M}^{NS*}) = [k\delta + (a_0 - c_{n1})^2]/(8b)$$

（2）第二周期：供应链各成员的最优预期利润为

$$MaxE_{q_2}(\Pi_{2R}^{NS}) = E((a - bq_2 - w_2)q_2 \mid f) \qquad (6-11)$$

$$MaxE_{w_2}(\Pi_{2M}^{NS}) = E((w_2 - c_{n1} + \lambda q_1)q_2 \mid f) \qquad (6-12)$$

命题 6.4 对于模型 NS 来说，第二周期的最优解为

$$w_2^{NS*} = \frac{(4b - \lambda)A + (4b + \lambda)c_{n1}}{8b}$$

$$q_2^{NS*} = \frac{(4b + \lambda)(A - c_{n1})}{16b^2}$$

将 w_2^{NS*} 和 q_2^{NS*} 代入式（6-11）和式（6-12），可得最优预期利润为

$$E(\Pi_{2R}^{NS*}) = (4b + \lambda)^2[k\delta + (a_0 - c_{n1})^2]/(256b^3)$$

$$E(\Pi_{2M}^{NS*}) = (4b + \lambda)^2[k\delta + (a_0 - c_{n1})^2]/(128b^3)$$

可以发现原始设备制造商和零售商都能在 δ 和 λ 提高时获得更大的
利润。

6.4　原始设备制造商再制造模式

当原始设备制造商负责再制造时，原始设备制造商将新产品和再制造产品推向市场，而零售商只负责产品的销售。首先，零售商和制造商决定新产品第一周期的价格和数量。随后，原始设备制造商决定数量 q_2 和收购价格 r，零售商再确定销售价格 p_2。相应的流程图如图 6-3 所示。

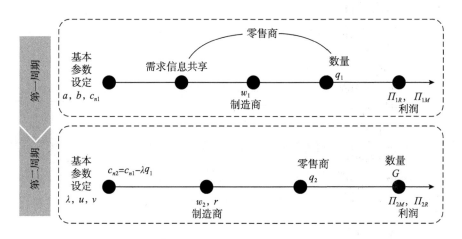

图 6-3　原始设备制造商再制造模式下的流程图

6.4.1　无信息共享模型

（1）第一周期：假设供应链成员间不存在需求信息的传递行为，那么各成员的最优预期利润为

$$\underset{q_1}{Max}E(\Pi_{1R}^M) = E((a - bq_1 - w_1)q_1 \mid f) \tag{6-13}$$

$$\underset{w_1}{Max}E(\Pi_{1M}^M) = E((w_1 - c_{n1})q_1) \tag{6-14}$$

命题 6.5　对于模型 M 来说，第一周期的最优解为

$$w_1^{M*} = \frac{a_0 + c_{n1}}{2}$$

$$q_1^{M*} = \frac{2A - a_0 - c_{n1}}{4b}$$

将 w_1^{M*} 和 q_1^{M*} 代入式（6 - 13）和式（6 - 14），可得零售商和原始设备制造商的最优预期利润为

$$E(\Pi_{1R}^{M*}) = [4k\delta + (a_0 - c_{n1})^2]/(16b)$$

$$E(\Pi_{1M}^{M*}) = (a_0 - c_{n1})^2/(8b)$$

结果表明零售商偏好更高的需求预测精度 δ。

（2）第二周期：供应链各成员的最优预期利润为

$$\underset{q_2}{Max}E(\Pi_{2R}^{M}) = E((a - bq_2 - w_2)q_2 \mid f) \qquad (6 - 15)$$

$$\underset{w_2,r}{Max}E(\Pi_{2M}^{M}) = E((w_2 - c_{n2})(q_2 - G) + (w_2 - r - c_r)G)$$

$$= E((w_2 - c_{n2})q_2 + (c_{n2} - r - c_r)G) \qquad (6 - 16)$$

命题 6.6　对于模型 M 来说，第二周期的最优解为

$$w_2^{M*} = \frac{2(2b - \lambda)A + \lambda a_0 + (4b + \lambda)c_{n1}}{8b}$$

$$q_2^{M*} = \frac{2(2b + \lambda)A - \lambda a_0 - (4b + \lambda)c_{n1}}{16b^2}$$

$$r^{M*} = \frac{v(4b + \lambda)c_{n1} - 2v\lambda A + v\lambda a_0 - 4bvc_r - 4bu}{8bv}$$

将以上参数重新代入式（6 - 15）和式（6 - 16），可得供应链成员的最优预期利润为

$$E(\Pi_{2R}^{M*}) = \frac{4(2b + \lambda)^2 k\delta + (4b + \lambda)^2(a_0 - c_{n1})^2}{256b^3}$$

$$E(\Pi_{2M}^{M*}) = \frac{4(2b + \lambda)^2 k\delta + (4b + \lambda)^2(a_0 - c_{n1})^2}{128b^3} +$$

$$\frac{[v(4b + \lambda)c_{n1} + 4b(u - vc_r) - v\lambda a_0]^2 + 4v^2\lambda^2 k\delta}{64b^2 v}$$

6.4.2 有信息共享模型

（1）第一周期：在模型 MS 中，零售商选择向原始设备制造商传递其非公开的需求信息，供应链成员的最优预期利润为

$$\underset{q_1}{Max} E(\Pi_{1R}^{MS}) = E((a - bq_1 - w_1)q_1 \mid f) \tag{6-17}$$

$$\underset{w_1}{Max} E(\Pi_{1M}^{MS}) = E((w_1 - c_{n1})q_1 \mid f) \tag{6-18}$$

命题 6.7 对于模型 MS 来说，第一周期的最优解为

$$w_1^{MS*} = \frac{A + c_{n1}}{2}$$

$$q_1^{MS*} = \frac{A - c_{n1}}{4b}$$

随后，将以上参数值重新代入式（6-17）和式（6-18），可得最优预期利润为

$$E(\Pi_{1R}^{MS*}) = [k\delta + (a_0 - c_{n1})^2]/(16b)$$

$$E(\Pi_{1M}^{MS*}) = [k\delta + (a_0 - c_{n1})^2]/(8b)$$

结果表明 δ 的提高即更准确的市场需求信息，对零售商和原始设备制造商都是有利的。

（2）第二周期：最优预期利润为

$$\underset{q_2}{Max} E(\Pi_{2R}^{MS}) = E((a - bq_2 - w_2)q_2 \mid f) \tag{6-19}$$

$$\underset{w_2, r}{Max} E(\Pi_{2M}^{MS}) = E((w_2 - c_{n2})(q_2 - G) + (w_2 - r - c_r)G \mid f)$$

$$= E((w_2 - c_{n2})q_2 + (c_{n2} - r - c_r)G) \tag{6-20}$$

命题 6.8 对于模型 MS 来说，第二周期的最优解为

$$w_2^{MS*} = \frac{(4b - \lambda)A + (4b + \lambda)c_{n1}}{8b}$$

$$q_2^{MS*} = \frac{(4b + \lambda)(A - c_{n1})}{16b^2}$$

$$r^{MS*} = \frac{(4b + \lambda)vc_{n1} - v\lambda A - 4bvc_r - 4bu}{8bv}$$

将 w_2^{MS*}、q_2^{MS*} 和 r^{MS*} 代入式（6-19）和式（6-20），可得模型 MS 中供应链成员的最优预期利润为

$$E(\Pi_{2R}^{MS*}) = \frac{(4b + \lambda)^2[k\delta + (a_0 - c_{n1})^2]}{256b^3}$$

$$E(\Pi_{2M}^{MS*}) = \frac{(4b + \lambda)^2[k\delta + (a_0 - c_{n1})^2]}{128b^3} +$$

$$\frac{[(4b + \lambda)vc_{n1} + 4b(u - vc_r) - v\lambda a_0]^2 + v^2\lambda^2 k\delta}{64b^2v}$$

6.5 第三方再制造商再制造模式

该模式考虑了在一个闭环供应链中，第三方再制造商通过技术许可与原始设备制造商合作，将废旧产品再制造到"如新"的状态，原始设备制造商确定批发价格并制造新产品，零售商决定销售价格。第三方再制造商再制造模式和原始设备制造商再制造模式的区别在于，第三方再制造商再制造模式下由原始设备制造商决定批发价格以及许可费，第三方再制造商决定收购价格。图 6-4 展示了第三方再制造商再制造模式的具体流程。

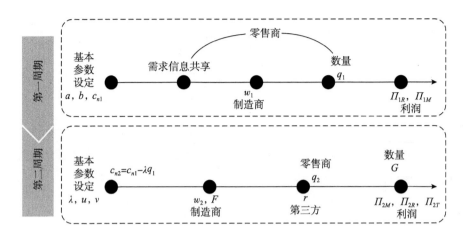

图 6 - 4 第三方再制造商再制造模式下的流程图

6.5.1 无信息共享模型

（1）第一周期：原始设备制造商为第三方再制造商提供技术支持，以进行产品的再制造，零售商和原始设备制造商之间没有信息交换。供应链成员的最优预期利润为

$$\underset{q_1}{Max}E(\Pi_{1R}^{T}) = E((a - bq_1 - w_1)q_1 \mid f) \tag{6-21}$$

$$\underset{w_1}{Max}E(\Pi_{1M}^{T}) = E((w_1 - c_{n1})q_1) \tag{6-22}$$

命题 6.9 对于模型 T 来说，第一周期的最优解为

$$w_1^{T*} = \frac{a_0 + c_{n1}}{2}$$

$$q_1^{T*} = \frac{2A - a_0 - c_{n1}}{4b}$$

将以上参数值代入式（6-21）和式（6-22），可得供应链成员的最优预期利润为

$$E(\Pi_{1R}^{T*}) = [4k\delta + (a_0 - c_{n1})^2]/(16b)$$

$$E(\Pi_{1M}^{T*}) = (a_0 - c_{n1})^2/(8b)$$

结果表明，更高的需求预测精度 δ 能给零售商带来更高的预期利润。

（2）第二周期：供应链成员的最优预期利润为

$$\underset{q_2}{Max}E(\Pi_{2R}^{T}) = E((A - bq_2 - w_2)q_2 \mid f) \tag{6-23}$$

$$\underset{r}{Max}E(\Pi_{2T}^{T}) = E((w_2 - r - c_r - F)G) \tag{6-24}$$

$$\underset{w_2,F}{Max}E(\Pi_{2M}^{T}) = E((w_2 - c_{n1} + \lambda q_1)(q_2 - G) + FG) \tag{6-25}$$

命题 6.10　对于模型 T 来说，第二周期的最优解为

$$w_2^{T*} = \frac{[4b + \lambda(1 + bv)]a_0 - 2\lambda(1 + bv)A + (4b + \lambda)(1 + bv)c_{n1} + 8b^2vF + 4b^2(vc_r - u)}{8b(1 + bv)}$$

$$r^{T*} = \frac{v[4b + \lambda(1 + bv)]a_0 - 2v\lambda(1 + bv)A + v(4b + \lambda)(1 + bv)c_{n1} - 8bvF - 4bv(2 + bv)c_r - 4b(2 + 3bv)u}{16bv(1 + bv)}$$

$$q_2^{T*} = \frac{2(1 + bv)(4b + \lambda)A - [4b + \lambda(1 + bv)]a_0 - (4b + \lambda)(1 + bv)c_{n1} - 8b^2vF - 4b^2(vc_r - u)}{16b^2(1 + bv)}$$

将以上参数值重新代入式（6-25），可得原始设备制造商的最优预期利润为

$$E(\Pi_{2M}^{T*}) = F\frac{v[4b + \lambda(1 + bv)]a_0 - 2v\lambda(1 + bv)A + v(4b + \lambda)(1 + bv)c_{n1} - 8bvF + 4b(2 + bv)(u - vc_r)}{16b(1 + bv)} +$$

$$\frac{[4b - \lambda(1 + bv)]a_0 + 2\lambda(1 + bv)A - (4b + \lambda)(1 + bv)c_{n1} + 4b^2(vc_r - u) + 8b^2vF}{8b(1 + bv)} +$$

$$\frac{[4b - \lambda(1 + bv)]a_0 + 2\lambda(1 + bv)A - (4b + \lambda)(1 + bv)c_{n1} + 4b^2(vc_r - u)}{16b^2}$$

令原始设备制造商的预期利润最大化，由于上式关于 F 的二阶偏导数严格为负，即 $\partial^2 E(\Pi_{2M}^{T*})/F^2 = -v/(1 + bv) < 0$，可得 $E(\Pi_{2M}^{T*})$ 是关于 F 的严格凹函数，F 的值为

$$F^{T*} = (va_0 - vc_r + u)/(2v)$$

将许可费 F^{T*} 的值代入上述等式，可得最优解为

$$w_2^{T*} = \frac{(4b + \lambda)(a_0 + c_{n1}) - 2\lambda A}{8b}$$

$$q_2^{T*} = \frac{(4b + \lambda)(2A - a_0 - c_{n1})}{16b^2}$$

$$r^{T*} = \frac{\lambda v a_0 - 2v\lambda A + v(4b + \lambda)c_{n1} - 4bvc_r - 12bu}{16bv}$$

$$E(\Pi_{2R}^{T*}) = \frac{(4b + \lambda)^2[4k\delta + (a_0 - c_{n1})^2]}{256b^3}$$

$$E(\Pi_{2T}^{T*}) = \frac{[v(4b + \lambda)c_{n1} - 4b(vc_r - u) - v\lambda a_0]^2 + 4v^2\lambda^2 k\delta}{256b^2 v}$$

$$E(\Pi_{2M}^{T*}) = \frac{\lambda(4b + \lambda + bv\lambda)k\delta}{32b^3} +$$

$$\frac{(va_0 - vc_r + u)[v(4b + \lambda)c_{n1} - 4b(vc_r - u) - v\lambda a_0]}{32bv} +$$

$$\frac{(4b + \lambda)(a_0 - c_{n1})[(4b + \lambda + bv\lambda)a_0 - (4b + \lambda)(1 + bv)c_{n1} + 4b^2(vc_r - u)]}{128b^3}$$

6.5.2 有信息共享模型

（1）第一周期：零售商向原始设备制造商传递需求信息，供应链成员的最优预期利润为

$$\underset{q_1}{Max}E(\Pi_{1R}^{TS}) = E((a - bq_1 - w_1)q_1 \mid f) \tag{6-26}$$

$$\underset{w_1}{Max}E(\Pi_{1M}^{TS}) = E((w_1 - c_{n1})q_1 \mid f) \tag{6-27}$$

命题 6.11 对于模型 TS 来说，第一周期对应的价格和数量为

$$w_1^{TS*} = \frac{A + c_{n1}}{2}$$

$$q_1^{TS*} = \frac{A - c_{n1}}{4b}$$

将 w_1^{TS*} 和 q_1^{TS*} 重新代入式（6-26）和式（6-27），可得最优预期利润为

$$E(\Pi_{1R}^{TS*}) = [k\delta + (a_0 - c_{n1})^2]/(16b)$$

$$E(\Pi_{1M}^{TS*}) = [k\delta + (a_0 - c_{n1})^2]/(8b)$$

（2）第二周期：供应链成员的最优预期利润为

$$\underset{q_2}{Max}E(\Pi_{2R}^{TS}) = E((A - bq_2 - w_2)q_2 \mid f) \qquad (6-28)$$

$$\underset{r}{Max}E(\Pi_{2T}^{TS}) = E((w_2 - r - c_r - F)G \mid f) \qquad (6-29)$$

$$\underset{w_2,F}{Max}E(\Pi_{2M}^{TS}) = E((w_2 - c_{n1} + \lambda q_1)(q_2 - G) + FG \mid f) \qquad (6-30)$$

命题 6.12　对于模型 TS 来说，第二周期的最优解为

$$w_2^{TS*} = \frac{[4b - \lambda(1 + bv)]A + (4b + \lambda)(1 + bv)c_{n1} + 4b^2(vc_r - u) + 8b^2vF}{8b(1 + bv)}$$

$$r^{TS*} = \frac{v[4b - \lambda(1 + bv)]A + v(4b + \lambda)(1 + bv)c_{n1} - 8bvF - 4b(2 + bv)vc_r - 4b(2 + 3bv)u}{16bv(1 + bv)}$$

$$q_2^{TS*} = \frac{[4b(1 + 2bv) + \lambda(1 + bv)]A - (4b + \lambda)(1 + bv)c_{n1} - 4b^2(vc_r - u) - 8b^2vF}{16b^2(1 + bv)}$$

然后将 w_2^{TS*}、q_2^{TS*} 和 r^{TS*} 的值代入式（6-30），可得原始设备制造商的最优预期利润为

$$E(\Pi_{2M}^{TS*}) =$$

$$F\frac{v[4b - \lambda(1 + bv)]A + v(4b + \lambda)(1 + bv)c_{n1} - 8bvF + 4b(2 + bv)(u - vc_r)}{16b(1 + bv)} +$$

$$\frac{[4b + \lambda(1 + bv)]A - (4b + \lambda)(1 + bv)c_{n1} + 8b^2vF + 4b^2(vc_r - u)}{8b(1 + bv)} +$$

$$\frac{[4b + \lambda(1 + bv)]A - (4b + \lambda)(1 + bv)c_{n1} + 4b^2(vc_r - u)}{16b^2}$$

令原始设备制造商的预期利润最大化，因为 $\partial^2 E(\Pi_{2M}^{TS*})/F^2 = -v/(1 + bv) < 0$ 成立，因此可得 $E(\Pi_{2M}^{TS*})$ 是 F 的凹函数，并且 F 的值可表示为

$$F^{TS*} = (vA - vc_r + u)/(2v)$$

将许可费 F^{TS*} 的值代入上述等式，可得最优解为

$$q_2^{TS*} = \frac{(4b + \lambda)(A - c_{n1})}{16b^2}$$

$$w_2^{TS*} = \frac{(4b - \lambda)A + (4b + \lambda)c_{n1}}{8b}$$

$$r^{TS*} = \frac{v(4b+\lambda)c_{n1} - v\lambda A - 4bvc_r - 12bu}{16bv}$$

$$E(\Pi_{2R}^{TS*}) = \frac{(4b+\lambda)^2[k\delta + (a_0 - c_{n1})^2]}{256b^3}$$

$$E(\Pi_{2T}^{TS*}) = \frac{[v(4b+\lambda)c_{n1} + 4b(u-vc_r) - v\lambda a_0]^2 + v^2\lambda^2 k\delta}{256b^2 v}$$

$$E(\Pi_{2M}^{TS*}) = \frac{(va_0 - vc_r + u)[v(4b+\lambda)c_{n1} + 4b(u-vc_r) - \lambda va_0] - \lambda v^2 k\delta}{32bv} +$$

$$\frac{(4b+\lambda)\{(4b+\lambda+\lambda bv)k\delta + (a_0 - c_{n1})[(4b+\lambda+\lambda bv)a_0 - (4b+\lambda)(1+bv)c_{n1} + 4b^2(vc_r - u)]\}}{128b^3}$$

6.6 比较分析

本节主要研究两个周期中信息共享和学习效应的相互作用，并基于相应的均衡结果，通过比较不同的再制造模式，进一步考察信息共享对最优策略的影响。

6.6.1 信息共享与学习效应的作用

表 6-2 提供了学习效应因子 λ、零售商的需求预测值 A 以及零售商需求预测精度 δ 与三种再制造模式下最优解之间的关系。从表 6-2 可以看出，第二周期的产品销量随着 λ 的增加而增加，而 λ 的增加将导致收购量的减少。在这种情况下，当选择购买再制造产品的消费者减少时，原始设备制造商能够制造更多的产品。因此，学习效应会对再制造产生不利的影响。同时，更高的学习效应会削弱原始设备制造商进行再制造的积极性。此外，δ 的提高即更准确的需求信息，将使零售商和原始设备制造商获得更多的利润。A 的提高对两个周期中的产品销售都有利，而对第二周期中废旧产品的

回收是不利的。

表 6 – 2　λ、A 和 δ 与最优解的关系

模型	参数	第一周期				第二周期							
		w_1^*	q_1^*	$E(\Pi_{1R}^*)$	$E(\Pi_{1M}^*)$	w_2^*	q_2^*	r^*	G^*	F^*	$E(\Pi_{2R}^*)$	$E(\Pi_{2M}^*)$	$E(\Pi_{2T}^*)$
N	λ	⊥	⊥	⊥	⊥	↘	↗	\	\	\	↗	↗	\
	A	⊥	↗	⊥	⊥	↘	↗	\	\	\	⊥	⊥	\
	δ	⊥	⊥	↗	⊥	⊥	⊥	\	\	\	↗	⊥	\
NS	λ	⊥	⊥	⊥	⊥	↘	↗	\	\	\	↗	↗	\
	A	↗	↗	⊥	⊥	↗	\	\	\	\	⊥	⊥	\
	δ	⊥	⊥	↗	↗	⊥	⊥	\	\	\	↗	↗	\
M	λ	⊥	⊥	⊥	⊥	↘	↗	↘	↘	\	↗	↗	\
	A	⊥	⊥	⊥	⊥	↘	↗	\	\	\	⊥	⊥	\
	δ	⊥	⊥	↗	⊥	⊥	⊥	⊥	⊥	\	↗	↗	\
MS	λ	⊥	⊥	⊥	⊥	↘	↗	↘	↘	\	↗	↗	\
	A	↗	↗	⊥	⊥	↗	↗	\	\	\	⊥	⊥	\
	δ	⊥	⊥	↗	↗	⊥	⊥	⊥	⊥	\	↗	↗	\
T	λ	⊥	⊥	⊥	⊥	↘	↗	↘	↘	\	↗	↗	↘
	A	⊥	⊥	⊥	⊥	↘	↗	\	\	\	⊥	⊥	⊥
	δ	⊥	⊥	↗	⊥	⊥	⊥	⊥	⊥	⊥	↗	↗	↗
TS	λ	⊥	⊥	⊥	⊥	↘	↗	↘	↘	↗	↗	↗	↘
	A	↗	↗	⊥	⊥	↗	↗	↘	↗	\	⊥	⊥	⊥
	δ	⊥	⊥	↗	↗	⊥	⊥	⊥	⊥	↗	↗	↗	↗

注：↗表示正相关，↘表示负相关，⊥表示不变，\ 表示不相关。

推论 6.1　均衡批发价格和销量满足以下关系：

（1）第一周期：当 $A > a_0$ 成立时，可得 $w_1^{NS*} > w_1^{N*}$，$q_1^{NS*} < q_1^{N*}$；$w_1^{MS*} > w_1^{M*}$，$q_1^{MS*} < q_1^{M*}$；$w_1^{TS*} > w_1^{T*}$，$q_1^{TS*} < q_1^{T*}$。

（2）第二周期：当 $A > a_0$ 成立时，可得 $w_2^{NS*} > w_2^{N*}$，$q_2^{NS*} < q_2^{N*}$；$w_2^{MS*} > w_2^{M*}$，$q_2^{MS*} < q_2^{M*}$；$w_2^{TS*} > w_2^{T*}$，$q_2^{TS*} < q_2^{T*}$。

从推论 6.1 可以看出，需求预测值对第一周期和第二周期的批发价格和

销量都有重要影响。值得注意的是，只有当再制造模式满足 $A > a_0$ 的假设时，信息共享才能提高批发价格。因为在信息共享的情况下，原始设备制造商会根据更大的需求提高批发价格以获得更高的利润，但这会导致销量减少。

推论 6.2 均衡收购价格和收购量满足以下关系：

当 $A > a_0$ 成立时，可得 $r^{MS*} > r^{M*}$，$r^{TS*} > r^{T*}$，$G^{MS*} > G^{M*}$ 和 $G^{TS*} > G^{T*}$。

推论 6.2 直观地表明，当 $A > a_0$ 时，需求信息的传递对废旧产品的回收会产生正向影响。在原始设备制造商和第三方再制造商再制造模式下，当零售商向原始设备制造商传递更高需求的信息时，原始设备制造商和第三方再制造商都愿意提高收购价格以回收更多的废旧产品。人们普遍认为，回收更多的废旧产品可以使生产更环保，并对环境产生有益影响[167]。因此，从环境的角度来看，更高需求的信息传递情况将比无信息共享的情况更好。

推论 6.3 当 $A > a_0$ 成立时，可得 $F^{TS*} > F^{T*}$。

从推论 6.3 可知，当 $A > a_0$ 时，信息共享对于提高许可费 F 来说总是有价值的。假设原始设备制造商可以察觉到更高需求的信息，那么在信息共享的情况下其会通过再制造产品收取更多的许可费。

推论 6.4 零售商的均衡最优预期利润满足以下关系：

（1）第一周期：$E(\Pi_{1R}^{N*}) > E(\Pi_{1R}^{NS*})$，$E(\Pi_{1R}^{M*}) > E(\Pi_{1R}^{MS*})$，$E(\Pi_{1R}^{T*}) > E(\Pi_{1R}^{TS*})$。

（2）第二周期：$E(\Pi_{2R}^{N*}) > E(\Pi_{2R}^{NS*})$，$E(\Pi_{2R}^{M*}) > E(\Pi_{2R}^{MS*})$，$E(\Pi_{2R}^{T*}) > E(\Pi_{2R}^{TS*})$。

推论 6.4 表明，在所有再制造模式下，信息共享都会给零售商带来利润损失。这种现象是由信息共享引起的，与已有研究一致[132]。存在该现象的原因很简单，因为共享的信息会促使制造商调整其定价策略，这将减少零售商的利润。所以，零售商在没有其他激励的情况下不会与原始设备制造商共享信息。因此，需要进一步考虑相应的合同机制和补贴方案，以刺激零售商的信息共享行为[134]。

推论 6.5　原始设备制造商的均衡最优预期利润满足以下关系：

（1）第一周期：$E(\Pi_{1M}^{NS*}) > E(\Pi_{1M}^{N*})$，$E(\Pi_{1M}^{MS*}) > E(\Pi_{1M}^{M*})$，$E(\Pi_{1M}^{TS*}) > E(\Pi_{1M}^{T*})$。

（2）第二周期：$E(\Pi_{2M}^{MS*}) < E(\Pi_{2M}^{M*})$；当 $\lambda < 4b/3$ 成立时，可得 $E(\Pi_{2M}^{NS*}) > E(\Pi_{2M}^{N*})$；当 $\lambda < 4b/\sqrt{3(1+bv)+8b}$ 成立时，可得 $E(\Pi_{2M}^{TS*}) > E(\Pi_{2M}^{T*})$。

从推论 6.5（1）中可以看出，原始设备制造商在有信息共享情况下的预期利润大于无信息共享的情况，这是因为原始设备制造商可以根据接收到的信息做出有利的决策，所以信息共享可以使原始设备制造商的利润增加，这与 Yue 和 Liu[123] 的研究结果一致。推论 6.5（2）表明，在无再制造模式下，当 $\lambda < 4b/3$ 时，需求信息的共享才对原始设备制造商有利。同时，当 $\lambda < 4b/\sqrt{3(1+bv)+8b}$ 时，由于新产品与再制造产品之间的竞争相对较弱，原始设备制造商在第三方再制造商再制造模式下获得零售商的非公开信息是最有利的。但是，当原始设备制造商负责再制造活动时，信息共享会给其带来利润损失。

推论 6.6　第三方再制造商的均衡最优预期利润满足以下关系：$E(\Pi_{2T}^{T*}) > E(\Pi_{2T}^{TS*})$。

推论 6.6 表明，需求信息的共享行为将给第三方再制造商带来不利影响，因为制造商调整后的定价决策影响了第三方的均衡策略，所以第三方再制造商在需求信息共享行为下会遭受利润损失。

6.6.2　不同再制造模式的比较

本小节从价格、数量和利润等方面比较分析了不同的再制造模式，相关结果将在推论 6.7 至推论 6.10 中呈现。

推论 6.7 最优批发价格和最优销量满足以下关系：

(1) 无信息共享的情况下：$w_1^{N*} = w_1^{M*} = w_1^{T*}$，$q_1^{N*} = q_1^{M*} = q_1^{T*}$；$w_2^{N*} = w_2^{M*} = w_2^{T*}$，$q_2^{N*} = q_2^{M*} = q_2^{T*}$。

(2) 有信息共享的情况下：$w_1^{NS*} = w_1^{MS*} = w_1^{TS*}$，$q_1^{NS*} = q_1^{MS*} = q_1^{TS*}$；$w_2^{NS*} = w_2^{MS*} = w_2^{TS*}$，$q_2^{NS*} = q_2^{MS*} = q_2^{TS*}$。

推论 6.7 表明，无论零售商是否向原始设备制造商传递需求信息，批发价格和销量在所有模型中都保持不变。这归因于两方面作用的相互抵消，其中一方面是更高的批发价格降低了产品对消费者的吸引力，另一方面是原始设备制造商的利润会因批发价格的降低而减少。

推论 6.8 均衡收购价格和收购量满足以下关系：

(1) 无信息共享的情况下：$r^{M*} > r^{T*}$，$G^{M*} > G^{T*}$。

(2) 有信息共享的情况下：当 $\lambda > 4b(vc_{n1} - vc_r + u)/[v(a_0 - c_{n1})]$ 成立时，可得 $r^{TS*} > r^{MS*}$，$G^{TS*} > G^{MS*}$。

推论 6.8 表明，在没有需求信息传递的情况下，原始设备制造商再制造模式下的收购价格和收购量都高于第三方再制造商再制造模式下的收购价格和收购量。在有信息共享的情况下，如果学习效应因子足够高，那么第三方再制造商再制造模式下的收购价格会更高，因为更高的学习效应因子将使生产成本降低，第三方再制造商将提高收购价格以回收更多的废旧产品。因此，与原始设备制造商再制造模式相比，第三方再制造商再制造模式下更多的废旧产品将会被回收。从环境的角度来看，当没有信息共享时，原始设备制造商再制造模式将更有利；而当有信息共享且学习效应因子足够高时，第三方再制造商再制造模式将更有利。

推论 6.9 零售商的均衡最优预期利润满足以下关系：

(1) 无信息共享的情况下：$E(\Pi_{1R}^{N*}) = E(\Pi_{1R}^{M*}) = E(\Pi_{1R}^{T*})$，$E(\Pi_{2R}^{N*}) = E(\Pi_{2R}^{M*}) = E(\Pi_{2R}^{T*})$。

（2）有信息共享的情况下：$E(\Pi_{1R}^{NS*}) = E(\Pi_{1R}^{MS*}) = E(\Pi_{1R}^{TS*})$，$E(\Pi_{2R}^{NS*}) = E(\Pi_{2R}^{MS*}) = E(\Pi_{2R}^{TS*})$。

推论 6.9 表明，无论零售商的信息共享行为如何，其在第一周期和第二周期都会获得相同的利润，因为零售商在三种再制造模式下都只负责产品的销售。

推论 6.10　原始设备制造商的均衡最优预期利润满足以下关系：

（1）无信息共享的情况下：$E(\Pi_{1M}^{N*}) = E(\Pi_{1M}^{M*}) = E(\Pi_{1M}^{T*})$，$E(\Pi_{2M}^{T*}) > E(\Pi_{2M}^{M*}) > E(\Pi_{2M}^{N*})$。

（2）有信息共享的情况下：$E(\Pi_{1M}^{NS*}) = E(\Pi_{1M}^{MS*}) = E(\Pi_{1M}^{TS*})$，$E(\Pi_{2M}^{MS*}) > E(\Pi_{2M}^{TS*}) > E(\Pi_{2M}^{NS*})$。

推论 6.10 表明，无论信息共享存在与否，由于在第一周期中只存在新产品，所以原始设备制造商在所有模型中获得的利润都相等。而在第二周期中，在没有信息共享的情况下，原始设备制造商在第三方再制造商再制造模式下的利润是最大的；在有信息共享的情况下，原始设备制造商作为领导者，承担了生产新产品和再制造产品的责任，并能够在原始设备制造商再制造模式下协调正向和逆向供应链，所以最终会获得最大的利润。

6.7　数值分析

本节采用数值分析进一步研究需求预测值 A 和学习效应因子 λ 对收购价格的影响，进而研究需求预测精度 δ 以及学习效应因子 λ 对原始设备制造商利润的影响。假设 $a_0 = 50$，$b = 0.8$，$u = 1$，$v = 0.8$，$c_{n1} = 20$，$c_r = 6$，$\lambda = 0.6$，$A = 55$，$\delta = 0.6$ 和 $k = 10$。

如图 6-5 所示，A 的提高不利于废旧产品的回收。与第三方再制造模式相比，原始设备制造商再制造模式下的收购价格将会更高，这是因为当原始设备制造商负责生产新产品和再制造产品时，其会提高收购价格以回收更多的废旧产品。当 $A > a_0$ 时，信息共享会导致更高的收购价格。当零售商向原始设备制造商传递更高需求信息时，原始设备制造商和第三方再制造商都希望回收更多的废旧产品。

图 6-6 展示了学习效应因子对收购价格的影响，可见学习效应因子对收购价格有负向影响。实际上，由于原始设备制造商在第二周期以较低的成本制造新产品，因此供应链成员没有动力提高收购价格来回收和再加工更多的废旧产品。此外，在原始设备制造商再制造模式和第三方再制造商再制造模式下，零售商的需求信息共享行为会使收购价格提高。

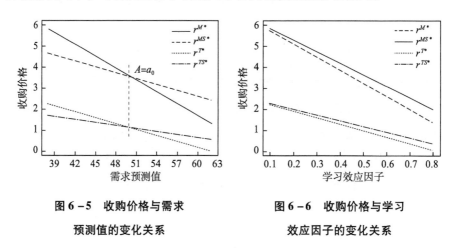

图 6-5　收购价格与需求　　　　图 6-6　收购价格与学习
　　　预测值的变化关系　　　　　　　效应因子的变化关系

从图 6-7 可以看出，原始设备制造商的预期利润随着需求预测精度的增加而逐渐增加，原始设备制造商在模型 MS 下的利润最高，在模型 N 下的利润最低。在相同的再制造模式下，原始设备制造商在有信息共享情况下的利润大于无信息共享情况下的利润。此外，在原始设备制造商再制造模式下，原始设备制造商通过同时制造新产品和再制造产品获得双重收入。当原始设备制造商接收到需求信息时，更高的需求预测精度可以使其制定更准确的定价决策，以获得更大的利润。

图 6-8 展示了原始设备制造商的预期利润与学习效应因子之间的关系。

可以看出，学习因子在所有再制造模式下都对原始设备制造商有利。原始
设备制造商可以通过提高学习效应因子来获得更多的利润，因为更高的学
习效应因子可以节省更多的生产成本。原始设备制造商在模型 MS 下获得最
多的利润，而在模型 N 下获得最少的利润。当原始设备制造商在自身再制
造模式下同时生产新产品和再制造产品时，其能够在正向和逆向供应链中
同时获得相应的收入。

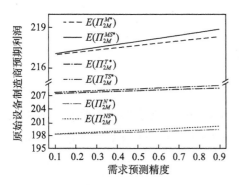

图 6 - 7　原始设备制造商
预期利润与需求预测精度的变化关系

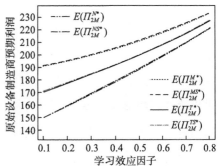

图 6 - 8　原始设备制造商
预期利润与学习效应因子的变化关系

6.8　本章小结

　　本章构建了闭环供应链下的三种再制造模式，包括无再制造模式、原
始设备制造商再制造模式和第三方再制造商再制造模式，并在有/无信息共
享的情况下对三种模式进行了分析。本章还研究了信息共享和学习效应对
供应链成员最优决策和利润的影响，并分析了需求预测精度和学习效应因
子对最优定价和生产决策的影响。

　　研究结果表明，信息共享和学习效应会影响供应链成员的定价策略。
在第二周期中，随着学习效应因子和需求预测值的提高，批发价格逐渐下

降，销量逐渐增加。当需求预测值较大时，有信息共享情况下的批发价格大于无信息共享情况下的批发价格。此外，学习效应因子和需求预测值对收购价格和收购量有负面影响。当零售商向制造商共享信息时，在原始设备制造商再制造和第三方再制造商再制造模式下，收购价格都会更高。如果学习效应因子比较大，则第三方再制造商再制造模式下的收购价格高于原始设备制造商再制造模式下的收购价格。

另外，信息共享和学习效应对供应链成员利润也会产生影响。对于零售商而言，由于共享的信息会使原始设备制造商在调整其定价决策的同时使零售商遭受损失，因此信息共享会给零售商带来利润损失。此外，零售商可以在更高的需求预测精度下获得更多的利润。无论谁进行再制造活动，零售商的利润都是不变的，因为零售商在所有再制造模式下都只负责产品的销售。除此之外，第三方再制造商在有信息共享的情况下获得的利润小于无信息共享情况下的利润。在第一周期中，原始设备制造商在有信息共享的情况下获得的利润比没有信息共享情况下获得的利润更多。在第二周期中，需求信息共享可以为原始设备制造商再制造模式下的原始设备制造商带来更多的利润。在无再制造模式和第三方再制造商再制造模式下，需求信息共享只有在学习效应因子相对较低的情况下才能增加原始设备制造商的利润，这是因为更高的学习效应因子会降低信息共享给原始设备制造商带来的利益。

第 7 章

企业社会责任下考虑双渠道回收的闭环供应链信息策略研究

7.1　问题描述

废弃电气电子设备的回收和处理已经成为许多国家探讨的话题，如果这些废弃设备得不到妥善处理，将带来环境污染和其他风险[168-169]。因此，许多企业开始进行废弃电气电子设备的回收[170]。然而，由于大多数消费者在回收过程中害怕信息泄露，对隐私信息保护的关注已成为消费者不愿意回收废旧产品的主要原因[16,88]。为了解决这一问题，我国二手消费电子产品交易和服务平台万物新生（又称爱回收）一直专注于信息安全和隐私保护①。根据相关报告，自 2018 年以来，该平台开发了一种名为"人工智能擦除"的数据擦除技术用来保护隐私信息，旨在通过多次覆盖和擦除来专业地清除数据。此外，为了满足消费者对信息安全的需求，该平台建立了通过面对面的数据擦除进程和自动数据擦除系统来提高消费者信任。因此，爱回收将人工和技术去除相结合，确保了最终的新买家在离线交易时不会获得所有的照片、电话号码和其他个人数据。然而，线下门店和隐私信息保护的研发必须以重资产模式运行，其研发增加了企业的财务负担，导致爱回收亏损运营。

同时，由于企业的社会责任涉及环境保护[171]，回收和再制造活动越来越受到政府和企业的重视[172]。研究表明，企业承担社会责任可以帮助企业有效地提高利润[173]，许多回收企业积极承担社会责任，比如爱回收等已经

---

① https：//www.renaissancecapital.com/IPO - Center/News/82687/Chinese - pre - owned - consumer - electronics - platform - AiHuiShou - International - set.

建立了可靠的隐私信息保护技术，在我国绿色可持续发展产业中发挥了关键作用。

在回收二手产品时，采用不同信息保护情况下的双渠道回收可以为消费者提供多种选择，爱回收线下门店的建设为消费者提供了一个新的回收选择。根据心理学领域的自我决定理论，当消费者面临保护其信息安全的多种选择时，他们会评估选择的成本，并根据最小化绩效成本来选择最合适的成本。因此，消费者对回收活动会有不同的反应。此外，在 Alghazo 等[174]和 Mousavizadeh 等[82]的研究中，公众对数据隐私和保护的意识是开展电子垃圾回收中最关键的部分，这可能会改变消费者的感知效用，从而影响回收行为。因此，研究闭环供应链中的隐私信息保护具有重要意义。

本章主要考虑回收过程中一家有线下门店的企业和另一家有线上渠道的企业的竞争场景。回收企业将回收的产品以特定的转移价格交付给加工企业进行再制造或拆解。此外，在回收过程中，线下门店为消费者的隐私信息保护提供了彻底的数据清除服务。综上所述，本章将探讨信息保护的作用以及包括线上和线下渠道的双渠道竞争回收，并从企业总效用的角度出发，探讨消费者对回收价格差异的敏感度以及隐私信息保护对消费者的影响。

7.2　模型假设与符号说明

本章考虑了类似回收企业爱回收和转转的竞争场景，它们都是我国二手消费电子交易和服务平台。然而，转转只开发在线渠道，建立在线回收平台，而爱回收利用隐私信息保护技术运营线下门店，让消费者能够参与回收。在回收过程中，两个回收渠道之间存在竞争，其回收数量与另一个渠道提供的回收价格差异密切相关。对于回收产品，如果消费者对回收价格或在回收过程中获得的效用感到满意，则线下门店或线上平台首先会从消费者那里接收二手产品。接下来，回收的产品从不同的回收企业交付给加工商进行拆解或加工，具体的转让价格与线下门店和线上平台相同。此外，在线下门店，消费者的数据被彻底擦除，以保证其隐私信息被保护。最后，当再制造商收到产品时，消费者将通过回收企业获得相应金额的报酬。此外，线上平台和线下门店都有足够的能力来操纵市场。在此基础上，本章还扩展了收益分担和成本分担机制对供应链进行协调。考虑到企业社会责任对竞争回收企业的影响，本章主要建立了四种模型：企业均不考虑社会责任（模型 N）、只有线下渠道企业考虑社会责任（模型 F）、只有线上渠道企业考虑社会责任（模型 L）、竞争企业均考虑社会责任（模型 Y），然后比较所有场景的均衡结果，评估企业社会责任和线下企业建设对企业的影响，为消费者提供更好的隐私信息保护。表 7-1 为相应的参数符号及说明。

表 7-1　参数符号及说明

参数符号	说明
P_m	再制造商为线上平台和线下门店提供的价格
α	回收市场的初始规模
φ	线下门店的市场份额
θ	两个回收渠道的竞争系数
P_a、P_b	由线下门店和线上平台提供的回收价格
q_a、q_b	线下门店和线上平台的回收数量
e	隐私信息保护水平
λ	隐私信息保护对消费者的影响系数
k	开发隐私信息保护技术的成本系数
I	隐私信息保护的成本
ρ	企业社会责任行为意识的系数
Π_a、Π_b	竞争企业通过线下门店和线上平台获得的利润

续表

参数符号	说明
V_a、V_b	拥有线下门店和线上平台的竞争企业的总效用
σ	线下门店与线上平台分享的利润比例
μ	企业利用线上平台承担建设费用的比例
A	管理离线存储技术的固定成本
*	上标*表示平衡结果

在本章中，用于构建模型的假设如下。根据 Nair 和 Narasimhan[175] 的研究，为了简化计算，假设回收过程中没有额外的成本，这不会影响模型的结果，因此，加工成本可以设为零。此外，根据现实情况，再制造商是二手产品的接收者，必须向企业支付固定的价格 P_m，这是一个外生变量，对回收企业来说，这与包括拥有线下和线上渠道的回收企业情况相同。

与 Guo 等[176] 和 Liu 等[177] 的研究类似，线下渠道和线上渠道的回收量可以分别设为 $q_a = \varphi\alpha - \theta(P_b - P_a) + \lambda e$ 和 $q_b = (1 - \varphi)\alpha - \theta(P_a - P_b)$，$\alpha$ 表示初始回收量，一般为消费者自愿回收的数量，φ 表示线下回收渠道的市场份额，φ 越大，表示线下渠道愿意回收的用户越多。另外，不同企业提供的两种回收价格也存在差异，以及 P_a 和 P_b 分别表示线下门店和线上平台的回收价格。θ 表示两个回收渠道的竞争系数。在此过程中，企业的隐私信息保护可以表现为对消费者的数据进行擦除。为了进一步评估隐私信息保护的效果，存在变量 e 即隐私信息保护水平，以及 λ 即隐私信息保护对消费者的影响系数。从假设中可以得出，λ 越大，表明消费者对信息隐私保护的重视程度越高，那么他们通过线下交易获取的信息也越多。从信息处理的角度来看，线上渠道得不到消费者的信任，因此线上渠道 $\lambda = 0$。

考虑到这种模式下的信息保护建设，对于线下门店，它们将需要更多的资金来建立更好的隐私信息保护方式，如"人工智能清除"，这是一种被信任的能够彻底清除数据的技术。根据 Nair 和 Narasimhan[175] 以及 Li X 和 Li Y[178] 的研究，隐私信息保护的成本是线下门店隐私信息保护水平 e 的二次函数，因此，隐私信息保护的发展与投资之间的关系可以假设为 $I(e) = \frac{1}{2}ke^2$，k 表示开发隐私信息保护技术的成本系数，因此，隐私信息保护越复杂，企业承担的成本越高。此外，隐私信息保护的运行是基于自动系统的，根据爱回收首席执行官的说法，线下门店中每次数据擦除的成本很小，与企业的履行费用相比可以忽略不计。因此，本章的研究不考虑线下门店的运营成本。然而，由于建设线下门店的成本对企业的财务状况至关重要，因此引入一个固定值 A 来表示设置和管理线下门店的成本。

为了从消费者处回收废旧产品并进行再制造，两家竞争企业都承担了企业社会责任活动。爱回收的管理层认为，社会责任与企业之间的共鸣是其成功的关键。由于企业社会责任活动的目标与渠道绩效密切相关，因此，在建模和分析中，企业社会责任是通过其利益相关者的消费者剩余来实现的[173,179]。在回收过程中，消费者剩余是指消费者愿意为二手产品获得的最低回收价格与他们所达到的市场价格之间的差额。因此，消费者剩余为

$$CS_a = \int_{P_{\min}}^{P_{\max}} q_a \mathrm{d}P_a = \frac{q_a^2}{2\theta} = \frac{\left[\varphi\alpha - \theta(P_b - P_a) + \lambda e\right]^2}{2\theta}$$

$$CS_b = \int_{P_{\min}}^{P_{\max}} q_b \mathrm{d}P_b = \frac{q_b^2}{2\theta} = \frac{\left[(1-\varphi)\alpha - \theta(P_a - P_b)\right]^2}{2\theta}$$

为了便于表示，下文中上标 N、F、L、Y 分别表示前述四种模型，下标 a、b 分别指开发线下和线上回收渠道的企业。

7.3　模型构建

本节主要研究不同企业的社会责任以及线下门店建设与隐私信息保护

相结合的影响。因此，本节构建了一个由线下门店和线上平台组成的回收双渠道，然后比较企业对社会责任活动的不同考虑，得出每种情况下的利润或效用的均衡结果，从企业和社会的角度考察哪种情况最有益。

7.3.1 不考虑企业社会责任的模型

在该模型中，线下门店和线上平台都从消费者那里回收废旧产品，并将其转移给再制造商。拥有线上平台和线下门店的企业都是独立决策的，它们的目标是追求纯利润最大化，而不考虑企业社会责任。这样，开发线下门店和线上平台的竞争企业的利润分别为

$$\Pi_a^N = (P_m - P_a)\left[\varphi\alpha - \theta(P_b - P_a) + \lambda e\right] - \frac{1}{2}ke^2 - A \qquad (7-1)$$

$$\Pi_b^N = (P_m - P_b)\left[(1-\varphi)\alpha - \theta(P_a - P_b)\right] \qquad (7-2)$$

从式（7-1）和式（7-2）中可以得出以下命题。

命题 7.1 Π_b^N 是关于 P_b 的严格凹函数，当 $2\theta k - \lambda^2 > 0$ 时，Π_a^N 是关于 P_a 和 e 的共同凹函数。

该命题表明，在开发隐私信息保护技术的成本系数和两个回收渠道的竞争系数较高的情况下，线下企业存在最优策略，而隐私信息保护对消费者的影响系数较低，这有助于拥有线下门店的企业更多地投资于隐私信息保护的构建。

分析式（7-1）和式（7-2），得到引理 7.1。

引理 7.1 模型 N 的最优决策如下：

$$e^{N*} = \frac{\lambda\alpha(1+\varphi)}{3\theta k - 2\lambda^2}$$

$$P_a^{N*} = P_m - \frac{3\theta k\alpha(1+\varphi)}{3\theta(3\theta k - 2\lambda^2)}$$

$$P_b^{N*} = P_m + \frac{3\theta k\alpha(\varphi - 2) + 3\lambda^2\alpha(1 - \varphi)}{3\theta(3\theta k - 2\lambda^2)}$$

$$\Pi_a^{N*} = \frac{\theta k\alpha^2(\varphi + 1)^2 + \theta k(\frac{1}{2} - \lambda^2)}{\theta(3\theta k - 2\lambda^2)^2} - A$$

$$\Pi_b^{N*} = \frac{\alpha^2[\theta k(\varphi - 2) + \lambda^2(1 - \varphi)][\theta k(2 - \varphi) + 3\alpha\lambda^2(1 - \varphi)]}{3\theta(3\theta k - 2\lambda^2)^2}$$

引理 7.1 表明，线下门店和线上平台提供的回收价格都与再制造商的转移价格成正相关关系。这表明，企业获得的收入越多，它们可能向消费者提供的回收价格就越高，这有助于提高回收产品的数量。从线下渠道的市场份额来看，线下门店的回收价格会降低市场份额的提升，表明了该渠道拥有的市场份额越多，其获得的竞争优势就越大。另外，隐私信息保护对消费者的影响系数的提高有助于拥有线下门店和线上平台的企业提高利润。

7.3.2　线下渠道考虑企业社会责任的模型

类似于 Panda 等[179]的研究，这里引入一个变量 ρ（$0 < \rho < 1$）来考虑拥有线下门店的企业的社会责任行为意识，即 $\rho = 0$ 意味着拥有线下门店的企业追求利润最大化，$\rho = 1$ 代表企业的目标是最大化福利。将其合并成消费者剩余函数，这里将 $\rho q_a^2/(2\theta)$ 纳入企业开发线下门店的利润中。这样，各自拥有线下门店和线上平台的竞争企业的利润为

$$\Pi_a^F = \left\{P_m - P_a + \frac{\rho[\varphi\alpha - \theta(P_b - P_a) + \lambda e]}{2\theta}\right\}[\varphi\alpha - \theta(P_b - P_a) + \lambda e] -$$

$$\frac{1}{2}ke^2 - A \tag{7-3}$$

$$\Pi_b^F = (P_m - P_b)[(1 - \varphi)\alpha - \theta(P_a - P_b)] \tag{7-4}$$

与上述模型相似，再制造商提供的价格为外生变量，拥有线下门店和线上平台的企业进行竞争回收，因此两家企业的决策同时进行。

分析式（7-3）和式（7-4），得到引理7.2。

引理7.2 模型 F 的最优决策如下：

$$e^{F*} = \frac{\lambda\alpha(1+\varphi)}{\theta k(3-\rho) + \lambda^2(\rho^2 - 2\rho - 1)}$$

$$P_a^{F*} = P_m - \frac{\alpha(1+\varphi)(\rho-1)[\theta k(3-\rho) + \lambda^2\rho(\rho-2)]}{\Delta_{11}\theta(\rho-3)}$$

$$P_b^{F*} = P_m - \frac{\lambda^2\alpha(1+\varphi)(\rho-1) + \Delta_{11}\alpha(2-\rho-\alpha)}{\Delta_{11}\theta(\rho-3)}$$

$$\Pi_a^{F*} = \frac{\Delta_{11}\alpha(1-\varphi)(\rho-3) - \alpha\theta[\theta k(3-\rho)\Delta_{12} - \Delta_{13}\lambda^2(\rho^2-2\rho-1)]}{\Delta_{11}^2\theta^2(\rho-3)^2} - A$$

$$\Pi_b^{F*} = \frac{\Delta_{11}\alpha\theta[2(\Delta_{11}+\lambda^2)(1+\varphi)(\rho-1) - \varphi\rho\Delta_{11}(3-\rho)]}{\Delta_{11}^2\theta^2(\rho-3)^2} -$$

$$\frac{\rho\alpha\theta[\Delta_{13}\lambda^2(\rho^2-2\rho-1) - \Delta_{12}\theta k(3-\rho) - \rho\alpha\theta\lambda^2(1+\varphi)(3-\rho)]}{\Delta_{11}^2\theta^2(\rho-3)^2}$$

其中 $\Delta_{11} = \theta k(3-\rho) + \lambda^2(\rho^2-2\rho-1)$，$\Delta_{12} = \varphi(1-\rho) + \alpha - 1$，$\Delta_{13} = \varphi(1-\rho) + \alpha - 3 + 2\rho$。

从引理7.2可以推断，λ 和 P_a 之间的关系与模型 N 一致，说明回收价格与隐私信息保护对消费者的影响系数成正相关关系。同时，将企业社会责任活动引入线下门店的企业将改变回收价格与 λ 之间的关系，表明隐私信息保护对消费者的影响系数会在一定程度上提高 P_b。这是因为当拥有线下门店的企业关注消费者剩余时，消费者愿意在承担企业社会责任的平台上进行回收。Wang 等[16] 的研究也指出，当企业更关心信息隐私时，能够迫使在线平台提高回收价格以获得更多订单。从利润的角度来看，两个渠道之间的竞争越激烈，线下门店企业的利润越多，相反线上平台的利润就会下降。

7.3.3　线上渠道考虑企业社会责任的模型

在这种情形下，线上平台不仅负责回收，同时也承担企业社会责任。与上述模型相似，假设只有拥有线上平台的企业愿意将消费者剩余纳入利润中，并以效用最大化为目标，其定义为 $V_b = \Pi_b + \rho q_b^2 / (2\theta)$；因此，拥有线上平台和线下门店的企业利润为

$$\Pi_a^L = (P_m - P_a)\big[\varphi\alpha - \theta(P_b - P_a) + \lambda e\big] - \frac{1}{2}ke^2 - A \qquad (7-5)$$

$$\Pi_b^L = \left\{ P_m - P_b + \frac{\rho\big[(1-\varphi)\alpha - \theta(P_a - P_b)\big]}{2\theta} \right\}\big[(1-\varphi)\alpha - \theta(P_a - P_b)\big]$$

$$(7-6)$$

在该模型中，再制造商提供的价格被设定为外生变量，将具有在线平台的企业社会责任行为意识的系数 ρ 作为直接影响在线平台总效用的自变量。

通过分析式（7-5）和式（7-6），得到引理 7.3。

引理 7.3　模型 L 的最优决策如下：

$$e^{L*} = \frac{\lambda\alpha(\rho - 1 - \varphi)}{\theta k(\rho - 3) + \lambda^2(\rho - 2)}$$

$$P_a^{L*} = P_m + \frac{\Delta_{21}\alpha(1-\varphi)(1-\rho) - \alpha(\rho-2)\big[\varphi\theta k(\rho-3) + \lambda^2(\varphi-1+\rho-\rho\alpha)\big]}{\Delta_{21}\theta(\rho-3)}$$

$$P_b^{L*} = P_m + \frac{\alpha(1-\rho)\big[\Delta_{21}(2-\varphi) + \lambda^2(\rho-\varphi-1)\big]}{\Delta_{21}\theta(\rho-3)}$$

$$\Pi_a^{L*} = \frac{\alpha(\rho-2)\big[\varphi\theta k(\rho-3) + \lambda^2\rho(\varphi-1) - \rho\alpha\big] - \alpha\Delta_{21}(1-\varphi)(1-\rho) + \lambda^2\alpha\theta(\rho-\varphi-1)}{\Delta_{21}^2\theta^2(\rho-3)^2} - A$$

$$\Pi_b^{L*} = \frac{2\alpha\theta(\rho-1)\big[\Delta_{21}(2-\varphi) + \lambda^2(\rho-\varphi-1)\big]}{\Delta_{21}^2\theta^2(\rho-3)^2} +$$

$$\frac{\alpha\theta\rho\{\Delta_{21}(1-\varphi)(\rho-3)-[\Delta_{21}(\rho-1)-\varphi\theta k(\rho-2)(\rho-3)+\lambda^2\Delta_{22}]\}}{\Delta_{21}^2\theta^2(\rho-3)^2}$$

其中 $\Delta_{21}=\theta k(\rho-3)-\lambda^2(\rho-2)$，$\Delta_{22}=2-3\rho+\alpha\rho-\rho^2-\rho\varphi$。

从引理 7.3 可以得出，当线上平台考虑自己的企业社会责任时，线下门店和线上平台的回收价格都与 ρ 成正相关关系。这是因为当线上渠道更多地关注消费者剩余时，其很可能会牺牲部分净利润来满足消费者，从而导致回收价格提高。对于拥有线下门店的企业来说，由于其在隐私信息保护方面投入了大量资金，与因为竞争失去订单相比，其更愿意通过降低利润来吸引消费者，从而提高回收价格。

7.3.4 线下渠道和线上渠道同时考虑企业社会责任的模型

模型 Y 结合了模型 F 和模型 L，在该模型中，假设拥有线下门店和线上平台的企业都愿意在同等程度的企业社会责任行为意识下考虑消费者剩余。因此，拥有线下门店和线上平台的企业的效用为 $V_a=\Pi_a+\rho q_a^2/(2\theta)$ 和 $V_b=\Pi_b+\rho q_b^2/(2\theta)$。拥有线下门店和线上平台的企业的利润为

$$\Pi_a^Y=\left\{P_m-P_a+\frac{\rho[\varphi\alpha-\theta(P_b-P_a)+\lambda e]}{2\theta}\right\}[\varphi\alpha-\theta(P_b-P_a)+\lambda e]-$$

$$\frac{1}{2}ke^2-A \tag{7-7}$$

$$\Pi_b^Y=\left\{P_m-P_b+\frac{\rho[(1-\varphi)\alpha-\theta(P_a-P_b)]}{2\theta}\right\}[(1-\varphi)\alpha-\theta(P_a-P_b)] \tag{7-8}$$

与上述模型相似，再制造商提供的价格为外生变量，而在发展线下门店和线上平台的企业中，企业社会责任行为意识的系数 ρ 是一个自变量，直接影响竞争企业的总效用。

通过分析式（7-7）和式（7-8），得到引理 7.4。

引理 7.4 模型 Y 的最优决策如下：

$$e^{Y*} = \frac{\lambda\{\alpha(\rho-1)[(\rho+1)\varphi-2\rho+1]-\theta P_m\}}{(\rho-1)[(\rho+1)\lambda^2-2\theta k]}$$

$$P_a^{Y*} = P_m + \frac{\Delta_{31}\alpha(\rho-1)^2(\rho-1-\varphi)+\Delta_{32}\lambda^2(\rho-1)(\rho-2)}{2\Delta_{31}\theta(\rho-1)}$$

$$P_b^{Y*} = P_m + \frac{(\rho-1)^2[\Delta_{31}\alpha(\rho-2+\varphi)+\Delta_{32}\lambda^2]}{2\Delta_{31}\theta(\rho-1)}$$

$$\Pi_a^{Y*} = \frac{2\Delta_{31}\theta(\rho-1)^2[\theta P_m(5-2\rho)-\alpha(\rho-1-\varphi)]-2\Delta_{32}\theta\lambda^2(\rho-1)(\rho-2)+\alpha\theta\rho\Delta_{34}}{4\Delta_{31}^2\theta^2(\rho-1)^2}-A$$

$$\Pi_b^{Y*} = \frac{2\Delta_{31}\theta(\rho-1)^2[\theta P_m(5-2\rho)-\alpha(\rho-2+\varphi)]}{4\Delta_{31}^2\theta^2(\rho-1)^2}-$$

$$\frac{2\theta(\rho-1)^2[\lambda^2\Delta_{32}+\rho\alpha(1-\varphi)\Delta_{31}]-\rho\lambda^2\theta\Delta_{33}-\alpha\theta\rho\Delta_{34}}{4\Delta_{31}^2\theta^2(\rho-1)^2}$$

其中 $\Delta_{31} = (\rho+1)\lambda^2-2\theta k$，$\Delta_{32} = \alpha(\rho-1)[(\rho+1)\varphi-2\rho+1]-\theta P_m$，$\Delta_{33} = \alpha\rho(\rho-1)(\varphi-2)-\theta P_m$，$\Delta_{34} = (\rho-1)(1+\varphi)(\rho\lambda^2-2\theta k)$。

引理 7.4 表明，线下门店和线上平台的回收价格与初始回收数量成正相关关系，这说明消费者自愿回收的二手产品越多，企业提供的回收价格就越高。这是因为当两个企业都考虑消费者剩余时，更高的回收价格会增加消费者的回收效用，这对消费者和企业都有利。随着更大的潜在回收市场的出现，企业愿意因为社会责任而提高回收价格，以获得更高的效用，尤其是在企业社会责任行为意识的系数相对较大的情况下。因此，线下门店和线上平台的利润都与 ρ 成负相关关系，因为它们更关注消费者的效用，从而导致其利润下降。

7.4　模型分析

本节通过考虑消费者隐私信息保护意识的变化，进一步探讨线下门店建设和隐私信息保护对企业利润的影响。此外，本节还通过考虑企业不同程度的社会责任行为意识来评估企业社会责任活动。为了详细说明这些结果，图 7-1~图 7-6 说明了企业社会责任行为意识和消费者隐私信息保护偏好是如何影响最优策略的。本节参数设置参考了 Liu 等[180]、Wang 等[34]以及 Li X 和 Li Y[178]的研究，即 $\alpha = 50$，$P_m = 100$，$k = 5$，$\varphi = 0.6$，$\theta = 0.5$，$\rho = 0.3$，$A = 1000$。A 的价值是根据爱回收 2021 年发布的招股说明书中的财务报告设定的，这有助于估算线下门店的建设和管理费用。

命题 7.2 比较企业在不同社会责任活动条件下的信息保护水平的均衡结果，可以得到：

（1）信息保护水平大小关系为 $e^{L*} < e^{N*} < e^{F*}$。

（2）当 $0 < \rho < (1+\varphi)(-2\theta k + \lambda^2 - 1)/[-\lambda^2(1+\varphi) - (2-\varphi)]$ 时，同时关注企业社会责任的信息保护水平高于不关注企业社会责任的信息保护水平；当 $(1+\varphi)(-2\theta k + \lambda^2 - 1)/[-\lambda^2(1+\varphi) - (2-\varphi)] < \rho < 1$ 时，则相反。

比较结果如图 7-1 所示。随着 λ 的提高，表明消费者在回收过程中更加重视隐私信息保护，线下门店必须发展更先进的信息保护技术。同时，当开发线下门店的企业考虑企业社会责任时，信息保护水平高于模型 N 和模型 Y 两种情况，这是因为当企业设置线下门店关心消费者剩余时，更愿意开发先进的技术来满足消费者的需求，这有助于企业在回收时获得更多的利润。另外，当企业更加重视企业社会责任，特别是当分别拥有线下门店和线上平台的企业都承担社会责任时，信息保护水平甚至会低于没有企业承担社会责任的水平。这是因为双方都愿意提高回收价格，以便在回收过程中产生更多的消费者剩余，通过这种方式可以保证回收数量，从而降低信息保护水平。

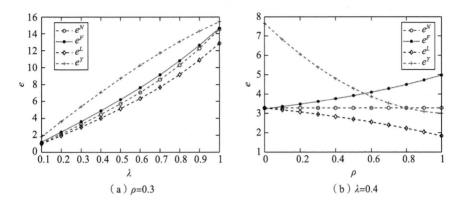

（a）$\rho = 0.3$　　　　　　　　　（b）$\lambda = 0.4$

图 7 – 1　信息保护水平与 λ 和 ρ 的变化关系

命题 7.3　比较企业在不同社会责任活动条件下线下门店和线上平台回收价格的均衡结果，可以得到：

（1）回收价格规模的比较：$P_a^{F*} > P_a^{L*} > P_a^{N*}$。

（2）两种不同渠道回收价格的比较：$P_a^{F*} < P_b^{F*}$，$P_a^{L*} < P_b^{L*}$，$P_a^{N*} < P_b^{N*}$，$P_a^{Y*} < P_b^{Y*}$。

（3）当 $(2\theta k - \lambda^2)/\lambda^2 < \rho < [\lambda(\varphi - 2) + 3 - \theta P_m]/\alpha$ 时，在同时承担企业社会责任的情况下，企业与线下门店的回收价格低于不承担企业社会责任的情况；当 $0 < \rho < (2\theta k - \lambda^2)/\lambda^2$ 或 $[\lambda(\varphi - 2) + 3 - \theta P_m]/\alpha < \rho < 1$ 时，则相反。

命题 7.3 如图 7 – 2 和图 7 – 3 所示，可以看出所有模型线下门店的回收价格几乎都低于线上平台，这说明线下门店隐私信息保护的建设有效地提高了消费者通过线下渠道回收的积极性。因此，与线上平台相比，线下门店能够降低回收价格，获得更多的利润，特别是在消费者对隐私信息保护的意识相对较高的情况下。此外，模型 Y 的回收价格在大多数时候是最低的。这是因为当消费者注意到这些企业正在发挥企业社会责任的作用时，由于消费者关心回收对环境的好处，他们愿意以相对较低的回收价格进行回收，Liu 等[33]和 Wang 等[34]的研究也表明了这一点。然而当企业社会责任行为意识较高时，双方都考虑企业社会责任的回收价格要高于不考虑企业社会责任的回收价格。这说明当企业高度重视社会责任时，线上平台和线下门店都愿意提高回收价格，让消费者在回收的同时获得更多的效用。从这个角度来看，这与爱回收在 2021 年 8 月发布的报告类似，该报告声称，他们正在通过提供合理的回收价格来提高消费者的效用。

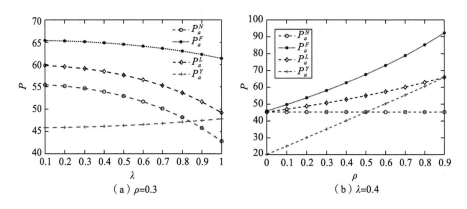

图 7-2　线下门店最优回收价格与 λ 和 ρ 的变化关系

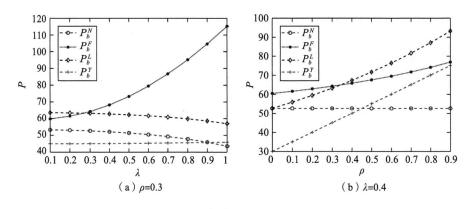

图 7-3　线上平台最优回收价格与 λ 和 ρ 的变化关系

此外，与 Zhou 等[181]的研究相似，本研究采用 $SW = \Pi_a + \Pi_b + CS$ 来评价各种模型的社会福利。CS 表示消费者剩余，即消费者愿意接受的最低回

收价格与实际回收价格之差。根据 Wang 等[34]的研究，消费者剩余可以表示为

$$CS = \int_{P_{\min}}^{P_a} D_a \mathrm{d}P_a + \int_{P_{\min}}^{P_b} D_b \mathrm{d}P_b = \frac{D_a^2}{2} + \frac{D_b^2}{2}$$

命题 7.4　比较个体企业与社会福利在不同主体社会责任活动情景下的均衡利润，可以得到：

（1）利润的比较：$\Pi_a^{Y*} > \Pi_a^{N*} > \Pi_a^{L*}$，$\Pi_b^{N*} > \Pi_b^{L*} > \Pi_b^{F*}$。

（2）对于线下门店的利润，当 $0 < \lambda < \sqrt{\theta k(\rho - 3)/(\rho^2 - 2\rho - 1)}$ 时，$\Pi_a^{F*} > \Pi_a^{L*}$；当 $\sqrt{\theta k(\rho - 3)/(\rho^2 - 2\rho - 1)} < \lambda < 1$ 时，$\Pi_a^{F*} < \Pi_a^{L*}$。

从命题 7.4 和图 7-4~图 7-6 可以看出，两家竞争企业都考虑企业社会责任的模式是最优战略，因为这对社会和企业都是最有利的。结合 Zhang 和 Wang[182]的研究及上述命题，可以得出结论。这是因为当两家企业都承担企业社会责任时，它们可以提供一个相对较低的价格，使其能够获得更高的利润，从而获得最高的收益。然而，当只有线下门店的企业考虑企业社会责任时，随着消费者信息隐私保护意识的增强，构建线下渠道的企业的利润迅速下降。据报道，爱回收在 2021 年第二季度的运营亏损（非公认会计准则）为 762 万美元，主要是由于其重视消费者效用从而提高了回收价格。此外，随着消费者对数据保护需求的增加以及隐私信息保护意识的增强，线下门店需要加大投入来开发这类技术。综合这两个因素，在只有线下门店考虑企业社会责任的情况下，利润会被严重削弱。此外，当两家企业竞争回收时，不注重隐私信息保护的企业往往比注重隐私信息保护的企业利润更高，因为它们不需要投资开发这种技术。

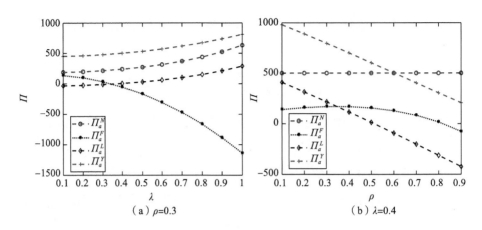

图7-4 线下门店最优利润与 λ 和 ρ 的变化关系

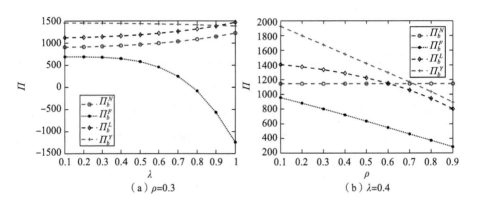

图7-5 线上平台最优利润与 λ 和 ρ 的变化关系

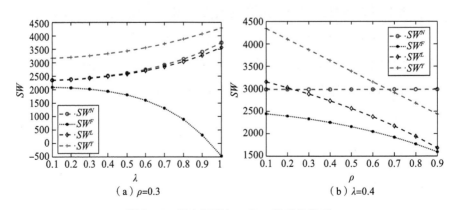

图7-6 社会福利与 λ 和 ρ 的变化关系

最后进行敏感度分析，在保持其他参数不变的情况下，对每个参数进行分析。根据附录中附表 7 - 1 ~ 附表 7 - 3 均衡解与各变量的数值变化关系，敏感度分析结果见表 7 - 2。从敏感度分析结果可以得出结论，随着竞争系数的增加，两家回收企业的回收利润会降低，这与 Zheng 等[183] 的研究结论相似。在这方面，企业应努力在其业务领域进行合作，以提高利润和社会福利。此外，敏感度分析结果表明，提高线下门店的市场份额有助于提高企业建设隐私信息保护的利润，从而提高社会福利。然而，隐私信息保护技术的成本系数的提高，将导致所有情况下社会福利水平的降低。因此，包括线下门店建设在内的隐私信息保护的成本应该控制在一个合理的范围内。最后，研究结果还表明，提高企业利润和社会福利的最有效途径是扩大回收市场，这在很大程度上有助于提高利润。

表 7 - 2　敏感度分析

模型	变量	α	k	φ	θ	λ	ρ	模型	变量	α	k	φ	θ	λ	ρ
N	e^{N*}	⇑	⇓	↑	⇓	⇑	–	L	e^{L*}	⇑	⇓	↑	⇓	⇑	↑
	P_a^{N*}	⇓	↗	↓	⇑	↓	–		P_a^{L*}	⇓	↗	↓	⇑	↓	↑
	P_b^{N*}	⇓	↗	↑	⇑	↓	–		P_b^{L*}	⇓	↗	↑	⇑	↓	↑
	Π_a^{N*}	⇑	↓	⇑	⇓	⇓	–		Π_a^{L*}	⇑	⇓	⇑	⇓	⇓	⇓
	Π_b^{N*}	⇑	↓	↓	⇓	↓	–		Π_b^{L*}	⇑	↓	⇓	⇓	↓	↓
	SW^{N*}	⇑	↓	↗	⇓	↓	↓		SW^{L*}	⇑	↓	↔	⇓	↑	↓
F	e^{F*}	⇑	⇓	↑	⇑	⇑	↑	Y	e^{Y*}	⇑	⇓	↑	↓	⇑	↓
	P_a^{F*}	↓	↗	↓	↑	↑	↑		P_a^{Y*}	⇓	↔	⇓	⇑	↑	↑
	P_b^{F*}	↓	↔	↑	↑	↑	↑		P_b^{Y*}	⇓	↔	⇓	⇑	↑	↑
	Π_a^{F*}	⇓	⇓	⇑	⇓	⇓	↓		Π_a^{Y*}	⇑	↓	↑	⇑	⇓	↓
	Π_b^{F*}	↑	↓	↓	↓	↓	↓		Π_b^{Y*}	⇑	↔	↓	⇓	↓	↓
	SW^{F*}	⇑	↓	↗	⇓	↑	↓		SW^{Y*}	⇑	↓	↗	⇓	↑	↓

注：⇑⇓ 表示高敏感度（ > 25% 变化），↑↓ 表示中敏感度（5% ~ 25% 变化），↗ 表示低敏感度（ < 5% 变化），↔ 表示常数，– 表示不相关。

7.5 成本分摊与收入共享机制

本节假设企业通过成本分摊与收入共享机制优化其利润。例如，印度大型电商二手智能数码产品出售平台 Cashify 与爱回收达成战略合作，通过成本分摊合同利用其先进技术；此外，京东集团和爱回收之间的合作是基于包括佣金形式在内的收入分享合同。因此，本节构建了扩展模型，引入了一个成本分摊模型来减轻企业的经济负担。为了平衡两个企业的利润，建立了一个收入分成合同；这样，经营线上渠道的企业就会将其收入的一部分分享给拥有线下门店和隐私信息保护技术的企业。

7.5.1 成本分摊机制

本小节的基本模型假设隐私信息保护的建设仅由线下企业承担，为了进一步探索更合理的建设模式，本小节将考虑企业利用线上平台承担建设费用的比例 μ（$0 < \mu < 1$），主要探讨成本分摊合同如何影响线上平台和线下门店的总均衡利润，以及成本分摊的比例如何影响总利润。为了保证结果的一致性，在这种协调机制下，其他假设保持不变。上标 CS 表示成本分摊合同。因此，成本分摊机制下不同企业的利润为

$$\Pi_a^{CS} = (P_m - P_a)\left[\varphi\alpha - \theta(P_b - P_a) + \lambda e\right] - \frac{1}{2}(1-\mu)ke^2 - A \quad (7-9)$$

$$\Pi_b^N = (P_m - P_b)\left[(1-\varphi)\alpha - \theta(P_a - P_b)\right] - \frac{1}{2}\mu ke^2 \quad (7-10)$$

请注意，$\mu = 0$ 表示线上平台不承担线下门店隐私信息保护的建设成本。通过分析式（7-1）和式（7-2）的相同方法得到引理 7.5 中的均衡结果，并通过图 7-7 和图 7-8 中的 λ 和 μ 的变化来说明企业利润和社会福利的变

化，成本分摊比例的参数参考 Xiang 和 Xu[184] 的研究，设置为 0.5。

引理 7.5　模型 CS 的最优决策如下：

$$e^{CS*} = \frac{\lambda\alpha(1+\varphi)}{3\theta k(1-\mu) - 2\lambda^2}$$

$$P_a^{CS*} = P_m - \frac{3\theta k\alpha(1+\varphi)(1-\mu)}{3\theta[3\theta k(1-\mu) - 2\lambda^2]}$$

$$P_b^{CS*} = P_m + \frac{3\theta k\alpha(\varphi-2)(1-\mu) + 3\lambda^2\alpha(1-\varphi)}{3\theta[3\theta k(1-\mu) - 2\lambda^2]}$$

$$\Pi_a^{CS*} = \frac{3\theta k\alpha^2(1-\mu)(\varphi+1)^2(\theta k - \frac{1}{2}\lambda^2)}{3\theta[3\theta k(1-\mu) - 2\lambda^2]^2} - A$$

$$\Pi_b^{CS*} = \frac{\alpha^2[\theta k(2-\varphi)(1-\mu) + 3\lambda^2(1-\varphi)][\lambda^2(\varphi-1) - \theta k(2\varphi-1)(1-\mu)]}{3\theta[3\theta k(1-\mu) - 2\lambda^2]^2}$$

命题 7.5　比较不同企业社会责任活动和成本分摊机制下企业利润的均衡结果，可以得到：

（1）利润的比较：$\Pi_a^{CS*} > \Pi_a^{N*} > \Pi_a^{L*} > \Pi_a^{F*}$，$\Pi_b^{Y*} > \Pi_b^{L*} > \Pi_b^{N*} > \Pi_b^{CS*}$。

（2）当 $\sqrt{2\theta k/(\rho+1)} < \lambda < 1$ 时，企业在 CS 模型下建立线下门店和隐私信息保护的利润高于两个企业都考虑企业社会责任情况下的利润；当 $0 < \lambda < \sqrt{2\theta k/(\rho+1)}$ 时，则相反。

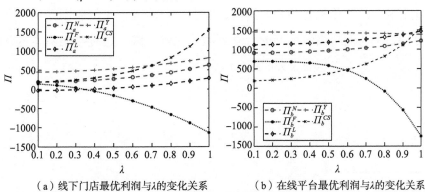

（a）线下门店最优利润与λ的变化关系　　（b）在线平台最优利润与λ的变化关系

图 7-7　最优利润与 λ 的变化关系（$\mu = 0.5$）

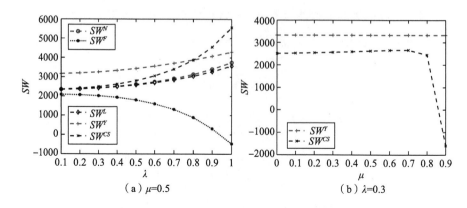

图 7-8　最优社会福利与 λ 和 μ 的变化关系

命题 7.5、图 7-7 和图 7-8 可以评估成本分摊合同的效果。成本分摊模型的社会福利高于其他三种模型（模型 N、模型 L 和模型 F），特别是当消费者的隐私信息保护意识相对较高时，其超过了模型 Y 的社会福利。这是因为随着消费者越来越重视隐私信息保护，线下门店不得不加大研发投入，导致支出过高。然而，成本分摊合同可以通过将成本转移到运营线上渠道的企业，释放企业建设线下门店的经济负担，保护隐私信息，提高回收价格，获得更多的利润。研究结果与 Xiang 和 Xu[184] 的研究相似，并可在 Cashify 和爱回收的合作范围内获得认证，这可以提高爱回收自身的利润。此外，在成本分摊合同中，拥有线下门店的企业利润的变化趋势与线上平台企业利润的变化趋势相似。同时，线上平台的成本比例应当存在一个合理区间，当比例超出该区间时，总利润将大幅下降，这直接表明了运营线上平台的企业无法承受太大的财务压力①。

---

　　① https：//the - ken. com/story/cashify - used - phones/？ signup_activation = 0lDWgMstw4&show_summary = true&accountCreated = 1.

7.5.2　收入共享机制

从以上研究可知，线上平台的利润高于线下门店，为了优化基本模型，尽可能平衡两个企业的利润，本小节建立了收入共享机制。在该情景下，必须由各自开发线下门店和线上平台的企业协商并接受收入共享合同，然后由拥有线上平台的企业决定拥有线下门店的企业的利润分享比例 σ（$0 < \sigma < 1$）。上标 RS 是指收入共享合同，其他假设与基本模型保持相同，因此，两家竞争企业在收入共享合同下的利润为

$$\Pi_a^{RS} = (P_m - P_a)\left[\varphi\alpha - \theta(P_b - P_a) + \lambda e\right] -$$

$$\frac{1}{2}ke^2 - A + \sigma(P_m - P_b)\left[(1 - \varphi)\alpha - \theta(P_a - P_b)\right] \qquad (7-11)$$

$$\Pi_b^{RS} = (1 - \sigma)(P_m - P_b)\left[(1 - \varphi)\alpha - \theta(P_a - P_b)\right] \qquad (7-12)$$

当 $\sigma = 0$ 时，拥有线下门店的企业无法获得运营线上平台企业的收益。然后，引理 7.6 给出了回收价格、隐私信息保护水平、利润和社会福利的均衡结果，并在图 7-9 和图 7-10 中说明了利润随变量变化的情况，收入共享参数参考 Raza[185] 的研究，设置为 0.5。

引理 7.6　模型 RS 的最优决策如下：

$$e^{RS*} = \frac{\lambda\alpha(1 + \varphi)(1 - \sigma)}{(3 - \sigma)\theta k - 2\lambda^2(1 - \sigma)}$$

$$P_a^{RS*} = P_m - \frac{\theta k\alpha(1 + \varphi)}{\theta\left[(3 - \sigma)\theta k - 2\lambda^2(1 - \sigma)\right]}$$

$$P_b^{RS*} = P_m + \frac{\alpha(3 - \sigma)\left[\lambda^2(1 - \sigma)(1 - \varphi) + \theta k(\varphi - 2 - \sigma\varphi)\right]}{\theta\left[(3 - \sigma)\theta k - 2\lambda^2(1 - \sigma)\right]}$$

$$\Pi_a^{RS*} = \frac{k\alpha^2(1 - \sigma)(1 + \varphi)^2\left[\theta k(3 - \sigma) - \frac{1}{2}\lambda^2(1 - \sigma)^2\right]}{\left[\theta k(3 - \sigma) - 2\lambda^2(1 - \sigma)^2\right]^2}$$

$$\Pi_b^{RS*} = \frac{-(3 - \sigma)\alpha^2\left[\theta k(2 - \sigma - \varphi) - \lambda^2(1 - \sigma - \varphi + \sigma\varphi)\right]\left[\lambda^2(1 - \varphi)(1 - \mu) + \theta k(\varphi - 2 - \sigma\varphi)\right]}{\theta\left[\theta k(3 - \sigma) - 2\lambda^2(1 - \sigma)^2\right]^2} +$$

$$\frac{\sigma\theta k\alpha^2(3-\sigma)(1+\varphi)^2\left[\theta k(3-\sigma)-\frac{1}{2}\lambda^2(1-\sigma)^2\right]}{\theta\left[\theta k(3-\sigma)-2\lambda^2(1-\sigma)^2\right]^2}$$

命题7.6 比较不同企业社会责任活动、成本分摊机制和收入共享机制下利润的均衡结果，可以得到：

（1）利润的比较：$\Pi_a^{RS*}>\Pi_a^{Y*}>\Pi_a^{N*}>\Pi_a^{L*}$，$\Pi_b^{RS*}>\Pi_b^{N*}>\Pi_b^{F*}$。

（2）当 $\sqrt{\theta k(\rho-3)/(\rho^2-2\rho-1)}<\lambda<$

$\sqrt{\theta k(\rho-3)[\varphi(1-\rho)+\alpha-1]/(\rho^2-2\rho-1)[\varphi(1-\rho)+\alpha-3+2\rho]}$ 时，企业在收入共享机制下构建线下渠道和隐私信息保护的利润高于除 Y 模型以外的其他模型；当 $\sqrt{\theta k(\rho-3)[\varphi(1-\rho)+\alpha-1]/(\rho^2-2\rho-1)[\varphi(1-\rho)+\alpha-3+2\rho]}<$ $\lambda<1$ 时，则相反。

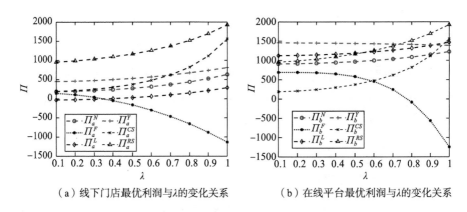

（a）线下门店最优利润与λ的变化关系　　（b）在线平台最优利润与λ的变化关系

图7-9　最优利润与 λ 的变化关系（$\sigma=0.5$）

从命题7.6和图7-9和图7-10中可以看出，对于社会福利来说，收入共享机制在大部分情况下可以比成本分摊机制更好地优化基本模型，这与 Zhang 等[186]的研究类似。在收入共享机制下，两个企业的利润都可以在很大程度上得到提高，而建设线下门店和隐私信息保护的企业利润变化趋势与拥有线上渠道企业的利润变化趋势类似。此外，图7-10表明，σ 越大，社会福利越大。这是因为没有线下门店的企业向有线下门店的企业共享收入会增加线下门店企业开发更复杂的隐私信息保护系统的动力，从而

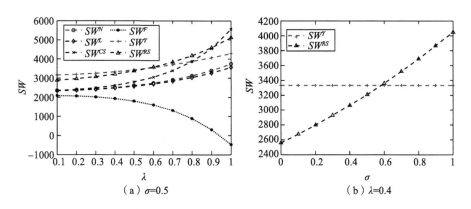

图 7-10　最优社会福利与 λ 和 μ 的变化关系

提高需求。另外，随着消费者对数据保护意识的增强，企业在收入共享机制下的社会福利和利润也在增加。因为在这种情况下，不仅建设线下门店的企业将获得额外的收益，进行利润共享的企业也可以从技术开发中获取收益，这会增加其回收量，从而提高社会福利①。这与京东和爱回收之间的合作类似。据爱回收首席财务官称，爱回收在 2021 年第二季度的总收入增加了 56.2%。与此同时，京东在此次合作中也获得了 2.47 亿美元，实现了双赢。

7.6　本章小结

考虑到隐私信息保护对企业的影响，本章考虑了回收过程中存在一家有线下门店的企业和另一家有线上平台的企业的竞争，并从企业总效用的角度探讨隐私信息保护对消费者的影响以及企业社会责任的影响，同时还通过成本分摊机制和收入共享机制协调了基本模型。

① https：//www. fool. com/earnings/call - transcripts/2021/08/17/aihuishou - international - co - ltd - rere - q2 - 2021 - earnin/.

研究结果表明，无论何种情况下，线下门店的回收价格几乎都低于线上平台，说明线下门店隐私信息保护的建设提高了消费者通过线下渠道回收的积极性，这使得线下门店能够获得更多的利润。当企业更加重视企业社会责任，特别是当分别拥有线下门店和线上平台的企业都承担企业社会责任时，隐私信息保护水平会低于没有企业承担社会责任的水平，且线下企业与线上企业都愿意在这种情况下提高回收价格。同时，渠道间竞争越激烈，两个回收企业的回收利润会越低。当两个企业都承担企业社会责任活动时，社会福利是最优的，这验证了企业社会责任的有效性。相反，当只有设立线下门店的企业考虑企业社会责任时，与没有考虑企业社会责任的企业相比，可能会导致社会福利的急剧下降。此外，社会福利随着企业社会责任行为意识的增强而下降。然而在大多数情况下，两个企业都考虑企业社会责任模型的社会福利仍然高于不考虑承担企业社会责任活动的情况。同时，提高企业利润和社会福利的最有效途径是扩大回收市场，这在很大程度上有助于提高利润。最后，成本分摊机制和收入共享机制可以有效地促进拥有线下门店企业的社会福利和利润，并且收入共享机制的促进效果更好。

第 8 章

结论与展望

8.1　结　论

随着全球经济的快速发展与资源环境压力的日益加剧，废旧产品数量日益增长。政府与企业关注到这一问题，并采取了相关措施对废旧产品进行处理，这有效地提升了经济效益，减少了资源消耗和环境污染。然而，由于供应链中存在信息不对称问题，现阶段的回收率依然较低，制造商、零售商、回收商和消费者之间存在着较高的信息壁垒，供应链运作效率低下。因此，本研究将信息策略引入废旧产品的回收再制造中，通过构建考虑技术许可、渠道入侵、学习效应、企业社会责任等因素的供应链信息决策模型，深入探讨不同模式下信息策略对供应链成员的定价决策以及最优利润的影响。

本研究的主要结论包括：

（1）在零售商与制造商或零售商与供应商共享需求信息的情况下，需求预测值越大，零售价格越高。同时，供应商和制造商在不同的信息共享模式下的定价决策也不同。如果零售商只与制造商共享信息，那么无论在何种再制造模式下，组件批发价格都会随着需求预测值的增加而下降，产品批发价格则会升高；如果零售商与供应商共享信息，无论制造商是否收到该信息，供应商都将提高零部件的批发价格作为对需求信息的响应，以赚取更多的利润，同时产品的批发价格也将相应提高。

（2）当渠道成员实施技术许可时，经销商与制造商间的信息共享并不会影响经销商再制造模式下的许可费。从定价策略的角度来看，当需求预测值超过可确定的市场需求时，有信息共享情况下的批发价格高于无信息共享情况下的批发价格。同时，信息共享不会影响制造商再制造模式下的收购价格，但会提高经销商再制造模式和第三方再制造模式的收购价格。

（3）如果供应链中存在制造商入侵的情况，那么信息共享会导致零售商的利润受损，而对入侵的制造商有利。当制造商负责再制造时，制造商总是可以从信息共享中获得更多的利润。

（4）当闭环供应链中存在学习效应时，更准确的需求信息会使零售商和原始设备制造商获得更多的利润。在双周期的供应链中，更高的需求预测值能够提高两个周期的批发价格，但会降低第二周期的收购价格。同时，只有当需求预测值超过一定范围时，信息共享才能提高技术许可费。对零售商和第三方再制造商来说，需求信息的共享行为总是不利的。

（5）在考虑企业社会责任的双渠道回收情况下，拥有隐私信息保护技术的线下门店的回收价格始终低于线上平台。当两家企业竞争回收时，不注重隐私信息保护的企业往往比注重隐私信息保护的企业利润更高。线下门店市场份额的扩大有助于提高企业建设隐私信息保护的利润，提高社会福利。

8.2　研究局限与未来展望

本研究着眼于信息策略下的产品回收再制造决策研究，通过构建不同的再制造模式，探讨供应链成员的定价决策以及利润变化，然而相关的研究依然有许多不足，需要进一步完善以提供更全面的理论与实践指导。

（1）在探讨信息共享在供应链管理中的应用时，本研究聚焦于单一供应链成员作为需求信息共享主体的场景。然而，在实际经济环境中，往往存在多个主体竞争的情况，他们会披露需求预测信息与成本信息等私有信息。同时，如何设计有效的协调契约或引入政府补贴政策，以激励供应链各成员主动分享其非公开信息，是一个具有深远研究意义的议题。

（2）本研究假设新产品与再制造产品不存在显著差异。然而，在实际市场中，再制造零部件往往难以完全达到全新零部件所遵循的严格质量标准，这一现实差距直接导致了新产品与再制造产品在市场价格上存在差异。因此，新产品与再制造产品的差异如何影响消费者行为和供应链的定价策略也是一个极具理论与实践价值的研究议题。

（3）在探讨企业间竞争的问题上，本研究只考虑了两家回收企业之间的竞争场景，对于供应链中其他成员如再制造商的利润贡献及其对企业社会责任行为的不同响应机制缺乏系统探讨。因此，还可以对不同供应链成员基于企业社会责任意识的行为倾向、最优利润以及供应链总体利润进行深入分析。

参考文献

［1］夏西强，李梦雅，路梦圆. 不同回收渠道下的再制造模式对比研究［J］. 系统管理学报，2024，33（3）：547 – 564.

［2］ZHENG B, YANG C, YANG J, et al. Pricing, collecting and contract design in a reverse supply chain with incomplete information［J］. Computers & industrial engineering, 2017, 111: 109 – 122.

［3］SARKAR B, GUCHHAIT R. Ramification of information asymmetry on a green supply chain management with the cap – trade, service, and vendor – managed inventory strategies［J］. Electronic commerce research and applications, 2023, 60: 101274.

［4］MENG Q, WAN L, ZHAO Q. Uncertain cost information sharing strategy in a closed – loop supply chain［J］. International journal of technology management, 2023, 92（1 – 2）: 95 – 111.

［5］HARRISON R W. Theory of games and economic behavior［J］. Journal of farm economics, 1945, 27（9）: 725 – 726.

［6］SAVASKAN R C, BHATTACHARYA S, VAN WASSENHOVE L N. Closed – loop supply chain models with product remanufacturing［J］. Management science, 2004, 50（2）: 239 – 252.

［7］CHOI T M, LI Y, XU L. Channel leadership, performance and coordination in closed loop supply chains［J］. International journal of production economics, 2013, 146（1）: 371 – 380.

［8］ATASU A, TOKTAY L B, VAN WASSENHOVE L N. How collection cost structure drives a manufacturer's reverse channel choice［J］. Production and operations management, 2013, 22（5）: 1089 – 1102.

［9］SAVASKAN R C, VAN WASSENHOVE L N. Reverse channel design: the case of competing retailers［J］. Management science, 2006, 52（1）: 1 – 14.

［10］魏骊晓，李登峰. 押金返还制度下再制造闭环供应链的非合作 – 合作两型博弈模

型 [J]. 管理工程学报, 2024, 38 (4): 283 – 301.

[11] MODAK N M, KAZEMI N, CÁRDENAS – BARRÓN L E. Investigating structure of a two – echelon closed – loop supply chain using social work donation as a corporate social responsibility practice [J]. International journal of production economics, 2019, 207: 19 – 33.

[12] LIU L, WANG Z, XU L, et al. Collection effort and reverse channel choices in a closed – loop supply chain [J]. Journal of cleaner production, 2017, 144: 492 – 500.

[13] LI Y, XU F, ZHAO X. Governance mechanisms of dual – channel reverse supply chains with informal collection channel [J]. Journal of cleaner production, 2017, 155: 125 – 140.

[14] ZHANG X M, LI Q W, LIU Z, et al. Optimal pricing and remanufacturing mode in a closed – loop supply chain of WEEE under government fund policy [J]. Computers & industrial engineering, 2021, 151: 106951.

[15] ZHENG R, HUANG Z, WU Z. Risk control simulation of the closed – loop supply chain of waste electrical and electronic equipment based on system dynamics [J]. Frontiers in energy research, 2022, 10: 963211.

[16] WANG H G, GU Y F, WU Y F, et al. An evaluation of potential yield of indium recycled from waste mobile phone in China [J]. Waste management, 2015, 46: 480 – 487.

[17] 王方, 尹雪薇, 余乐安. 政府监管下信息敏感型 WEEE 回收渠道的竞争策略研究 [J/OL]. 系统工程理论与实践, 2023: 1 – 14. https: //link. cnki. net/urlid/11. 2267. N. 20231211. 1219. 018.

[18] 王竟竟, 许民利. 回收目标责任制下考虑梯队优势的闭环供应链决策研究 [J]. 管理工程学报, 2024, 38 (4): 222 – 238.

[19] 高攀, 丁雪峰, 覃若兰. 多重网络外部性对 WEEE 回收定价策略的影响分析 [J]. 管理评论, 2022, 34 (7): 198 – 210.

[20] RAHMAN S, SUBRAMANIAN N. Factors for implementing end – of – life computer recycling operations in reverse supply chains [J]. International journal of production economics, 2012, 140 (1): 239 – 248.

[21] GOVINDAN K, POPIUC M N. Reverse supply chain coordination by revenue sharing

contract：a case for the personal computers industry ［J］. European journal of operational research，2014，233（2）：326－336.

［22］ FENG L P, GOVINDAN K, LI C F. Strategic planning：design and coordination for dual－recycling channel reverse supply chain considering consumer behavior ［J］. European journal of operational research，2017，260（2）：601－612.

［23］ ZHANG F Q, ZHANG R Y. Trade－in remanufacturing, customer purchasing behavior, and government policy ［J］. Manufacturing & service operations management，2018，20（4）：601－616.

［24］ HE Q, WANG N, YANG Z, et al. Competitive collection under channel inconvenience in closed－loop supply chain ［J］. European journal of operational research，2019，275（1）：155－166.

［25］ 王文宾，戚金钰，张萌欣，等. 三方演化博弈下政府奖惩机制对 WEEE 回收的影响 ［J/OL］. 中国管理科学，2023：1－13. https：//kns. cnki. net/kcms2/detail/11. 2835. G3. 20230608. 1137. 001. html.

［26］ LI B, WANG Q, CHEN B, et al. Tripartite evolutionary game analysis of governance mechanism in Chinese WEEE recycling industry ［J］. Computers & industrial engineering，2022，167：108045.

［27］ ALBUQUERQUE R, KOSKINEN Y, ZHANG C. Corporate social responsibility and firm risk：theory and empirical evidence ［J］. Management science，2019，65（10）：4451－4469.

［28］ LEE H L, TANG C S. Socially and environmentally responsible value chain innovations：new operations management research opportunities ［J］. Management science，2018，64（3）：983－996.

［29］ GROLLEAU G, MZOUGHI N, PEKOVIC S. Is business performance related to the adoption of quality and environmental－related standards? ［J］. Environmental and resource economics，2013，54（4）：525－548.

［30］ ZHENG H, LI X, ZHU X, et al. Impact of recycler information sharing on supply chain performance of construction and demolition waste resource utilization ［J］. International journal of environmental research and public health，2022，19（7）：3878.

[31] WANG Q, CHEN K, WANG S, et al. Channel structures and information value in a closed – loop supply chain with corporate social responsibility based on the third – party collection [J]. Applied mathematical modelling, 2022, 106: 482 – 506.

[32] 刘珊, 姚锋敏, 陈东彦, 等. 回收竞争下考虑 CSR 行为的闭环供应链定价决策及协调 [J]. 中国管理科学, 2022, 30 (4): 205 – 217.

[33] LIU S, YAO F, CHEN D. CSR investment decision and coordination strategy for closed – loop supply chain with two competing retailers [J]. Journal of cleaner production, 2021, 310: 127378.

[34] WANG Y, SU M, SHEN L, et al. Decision – making of closed – loop supply chain under corporate social responsibility and fairness concerns [J]. Journal of cleaner production, 2021, 284: 125373.

[35] MONDAL C, GIRI B C, BISWAS S. Integrating corporate social responsibility in a closed – loop supply chain under government subsidy and used products collection strategies [J]. Flexible services and manufacturing journal, 2022, 34 (1): 65 – 100.

[36] 姚锋敏, 王悦, 刘珊, 等. 不同 CSR 分担模式下的闭环供应链销售努力与定价决策 [J]. 管理工程学报, 2021, 35 (1): 210 – 219.

[37] 唐娟, 李帮义, 龚本刚, 等. 考虑企业社会责任的零售商回收型闭环供应链决策与协调研究 [J]. 中国管理科学, 2023, 31 (11): 228 – 237.

[38] JABER M Y, EL SAADANY A M A. An economic production and remanufacturing model with learning effects [J]. International journal of production economics, 2011, 131 (1): 115 – 127.

[39] GIRI B C, GLOCK C H. A closed – loop supply chain with stochastic product returns and worker experience under learning and forgetting [J]. International journal of production research, 2017, 55 (22): 6760 – 6778.

[40] GIRI B C, MASANTA M. Developing a closed – loop supply chain model with price and quality dependent demand and learning in production in a stochastic environment [J]. International journal of systems science – operations & logistics, 2020, 7 (2): 147 – 163.

[41] 吴岩, 徐贤浩, 陈程. 考虑学习效应的可复用物流容器供应链的最优运作决策研究 [J]. 中国管理科学, 2023, 31 (1): 104 – 112.

［42］ CHEN Y T, CHANG D S. Diffusion effect and learning effect: an examination on MSW recycling ［J］. Journal of cleaner production, 2010, 18 (5): 496 – 503.

［43］ 王桐远, 王增强, 李延来. 规模不经济下零售商信息分享模式对双渠道闭环供应链影响 ［J］. 管理工程学报, 2021, 35 (3): 195 – 207.

［44］ PAL B, SARKAR A. Optimal strategies of a dual – channel green supply chain with recycling under retailer promotional effort ［J］. Rairo – operations research, 2021, 55 (2): 415 – 431.

［45］ QU Y, ZHANG Y, GUO L, et al. Decision strategies for the WEEE reverse supply chain under the "Internet plus recycling" model ［J］. Computers & industrial engineering, 2022, 172: 108532.

［46］ GUO Y, WANG M, YANG F. Joint emission reduction strategy considering channel inconvenience under different recycling structures ［J］. Computers & industrial engineering, 2022, 169: 108159.

［47］ 卿前恺, 吴文湖, 邵嫄, 等. 考虑电商平台开辟二手市场的双渠道闭环供应链决策 ［J/OL］. 系统管理学报, 2024: 1 – 21. https://link.cnki.net/urlid/31.1977.N. 20240311.1109.002.

［48］ 潘文军, 缪林. 考虑跨渠道退货的双渠道闭环供应链决策研究 ［J］. 中国管理科学, 2020, 28 (6): 112 – 122.

［49］ SUN Q, CHEN H, LONG R, et al. Comparative evaluation for recycling waste power batteries with different collection modes based on Stackelberg game ［J］. Journal of environmental management, 2022, 312: 114892.

［50］ CHUANG C H, WANG C X, ZHAO Y. Closed – loop supply chain models for a high – tech product under alternative reverse channel and collection cost structures ［J］. International journal of production economics, 2014, 156: 108 – 123.

［51］ 丁军飞, 浦徐进, 曹雨馨, 等. EPR 制度下新能源汽车闭环供应链的回收成本分担机制研究 ［J/OL］. 中国管理科学, 2024: 1 – 14. https://link.cnki.net/urlid/11.2835.G3.20240520.1602.003.

［52］ MITRA S, WEBSTER S. Competition in remanufacturing and the effects of government subsidies ［J］. International journal of production economics, 2008, 111 (2): 287 – 298.

[53] 夏西强, 李佩函, 贾家辉, 等. 基于碳配额不同分配方式政府补贴对制造/再制造影响研究 [J/OL]. 中国管理科学, 2023: 1 – 16. https: //link. cnki. net/urlid/11. 2835. G3. 20231027. 1342. 001.

[54] ESMAEILI M, ALLAMEH G, TAJVIDI T. Using game theory for analysing pricing models in closed – loop supply chain from short – and long – term perspectives [J]. International journal of production research, 2016, 54 (7): 2152 – 2169.

[55] KOVACH J J, ATASU A, BANERJEE S. Salesforce incentives and remanufacturing [J]. Production and operations management, 2018, 27 (3): 516 – 530.

[56] 代业明, 于双. 碳税监管下考虑零售商双重行为偏好的再制造闭环供应链决策 [J/OL]. 中国管理科学, 2023: 1 – 20. https: //kns. cnki. net/kcms/detail/11. 2835. G3. 20230413. 2135. 010. html.

[57] TALEIZADEH A A, ALIZADEH – BASBAN N, NIAKI S T A. A closed – loop supply chain considering carbon reduction, quality improvement effort, and return policy under two remanufacturing scenarios [J]. Journal of cleaner production, 2019, 232: 1230 – 1250.

[58] TURKI S, SAUVEY C, REZG N. Modelling and optimization of a manufacturing/remanufacturing system with storage facility under carbon cap and trade policy [J]. Journal of cleaner production, 2018, 193: 441 – 458.

[59] LI G, REIMANN M, ZHANG W. When remanufacturing meets product quality improvement: the impact of production cost [J]. European journal of operational research, 2018, 271 (3): 913 – 925.

[60] LEE H L, SO K C, TANG C S. The value of information sharing in a two – level supply chain [J]. Management science, 2000, 46 (5): 626 – 643.

[61] 但斌, 陈振江, 刘墨林, 等. 到岸价格模式生鲜供应链需求信息共享与激励 [J]. 系统工程理论与实践, 2023, 43 (4): 1172 – 1194.

[62] SHANG W, HA A Y, TONG S. Information sharing in a supply chain with a common retailer [J]. Management science, 2016, 62 (1): 245 – 263.

[63] LIU M, CAO E, SALIFOU C K. Pricing strategies of a dual – channel supply chain with risk aversion [J]. Transportation research part E – Logistics and transportation review, 2016, 90: 108 – 120.

［64］ 郑本荣. 不对称信息下企业专利授权合同设计：基于投资溢出的视角［J/OL］. 中国管理科学，2024：1－17. https：//doi. org/10. 16381/j. cnki. issn1003－207x. 2022. 1787.

［65］ ZHU X. Managing the risks of outsourcing：time, quality and correlated costs［J］. Transportation research part E－Logistics and transportation review, 2016, 90：121－133.

［66］ CHEONG T, SONG S H. The value of information on supply risk under random yields ［J］. Transportation research part E－Logistics and transportation review, 2013, 60：27－38.

［67］ YAO D Q, YUE X, LIU J. Vertical cost information sharing in a supply chain with value－adding retailers［J］. Omega－international journal of management science, 2008, 36（5）：838－851.

［68］ SHAMIR N, SHIN H. Public forecast information sharing in a market with competing supply chains［J］. Management science, 2016, 62（10）：2994－3022.

［69］ 张雪峰，李果，郑鸿. 市场入侵风险下供应链渠道成本信息共享策略研究［J］. 管理工程学报，2023, 37（5）：230－237.

［70］ 黄河，李文平，徐鸿雁. 政府补贴和成本分担共存时具有社会责任零售商的信息共享研究［J/OL］. 中国管理科学，2023：1－12. https：//doi. org/10. 16381/j. cnki. issn1003－207x. 2022. 0647.

［71］ 苏秦，张文博. 供应链质量信息共享与区块链授权策略［J］. 中国管理科学，2024, 32（3）：324－334.

［72］ HOSODA T, DISNEY S M, GAVIRNENI S. The impact of information sharing, random yield, correlation, and lead times in closed loop supply chains［J］. European journal of operational research, 2015, 246（3）：827－836.

［73］ 石纯来，李进军，舒夕珂. 回收再制造对双渠道供应链中零售商信息分享策略的影响［J］. 管理评论，2021, 33（4）：295－305.

［74］ WANG W, ZHANG Y, LI Y, et al. Closed－loop supply chains under reward－penalty mechanism：retailer collection and asymmetric information［J］. Journal of cleaner production, 2017, 142：3938－3955.

［75］ ZHANG P, XIONG Y, XIONG Z, et al. Designing contracts for a closed－loop supply chain under information asymmetry［J］. Operations research letters, 2014, 42（2）：

150 – 155.

[76] TEUNTER R H, BABAI M Z, BOKHORST J A C, et al. Revisiting the value of information sharing in two – stage supply chains [J]. European journal of operational research, 2018, 270 (3): 1044 – 1052.

[77] HUANG Y, WANG Z. Information sharing in a closed – loop supply chain with technology licensing [J]. International journal of production economics, 2017, 191: 113 – 127.

[78] ESTEVES R B, RESENDE J. Personalized pricing and advertising: who are the winners? [J]. International journal of industrial organization, 2019, 63: 239 – 282.

[79] ESTEVES R B, CERQUEIRA S. Behavior – based pricing under imperfectly informed consumers [J]. Information economics and policy, 2017, 40: 60 – 70.

[80] JOHNSON G A, SHRIVER S K, DU S. Consumer privacy choice in online advertising: who opts out and at what cost to industry? [J]. Marketing science, 2020, 39 (1): 33 – 51.

[81] KRAEMER J, SCHNURR D, WOHLFARTH M. Winners, losers, and Facebook: the role of social logins in the online advertising ecosystem [J]. Management science, 2019, 65 (4): 1678 – 1699.

[82] MOUSAVIZADEH M, KIM D J, CHEN R. Effects of assurance mechanisms and consumer concerns on online purchase decisions: an empirical study [J]. Decision support systems, 2016, 92: 79 – 90.

[83] CHOI B C F, JIANG Z H, XIAO B, et al. Embarrassing exposures in online social networks: an integrated perspective of privacy invasion and relationship bonding [J]. Information systems research, 2015, 26 (4): 675 – 694.

[84] BOWIE N E, JAMAL K. Privacy rights on the internet: self – regulation or government regulation? [J]. Business ethics quarterly, 2006, 16 (3): 323 – 342.

[85] LEE D J, AHN J H, BANG Y. Managing consumer privacy concerns in personalization: a strategic analysis of privacy protection [J]. MIS quarterly, 2011, 35 (2): 423 – 444.

[86] 何向, 李莉, 张华, 等. 考虑隐私信息共享水平的定向广告投放与产品定价研究 [J]. 运筹与管理, 2023, 32 (4): 227 – 233.

[87] KRUMAY B. The E – waste – privacy challenge [C]. Annual privacy forum, 2016:

48 – 68.

[88] LIU J L, BAI H T, ZHANG Q, et al. Why are obsolete mobile phones difficult to recycle in China? [J]. Resources conservation and recycling, 2019, 141: 200 – 210.

[89] 王玉燕, 张晓真. 技术专利许可下新能源汽车供应链的管理策略研究: 是否引入职业经理人 [J/OL]. 系统工程理论与实践, 2024: 1 – 29. http://kns.cnki.net/kcms/detail/11. 2267. N. 20240517. 1523. 002. html.

[90] 陈婷, 侯文华, 刘露. 网络外部性市场中竞争性企业技术引进和许可策略研究 [J]. 管理学报, 2020, 17 (4): 551 – 561.

[91] ZHAO D, CHEN H M, HONG X P, et al. Technology licensing contracts with network effects [J]. International journal of production economics, 2014, 158: 136 – 144.

[92] 陈婷, 侯文华. 考虑不同外包策略以及专利保护的竞合企业技术许可决策 [J]. 管理工程学报, 2021, 35 (3): 105 – 118.

[93] SAVVA N, TANERI N. The role of equity, royalty, and fixed fees in technology licensing to university spin – offs [J]. Management science, 2015, 61 (6): 1323 – 1343.

[94] SEN D, STAMATOPOULOS G. Licensing under general demand and cost functions [J]. European journal of operational research, 2016, 253 (3): 673 – 680.

[95] 金亮, 朱颖. 信息不对称下技术供应链专利许可合同设计 [J]. 中国管理科学, 2024, 32 (1): 211 – 219.

[96] ORAIOPOULOS N, FERGUSON M E, TOKTAY L B. Relicensing as a secondary market strategy [J]. Management science, 2012, 58 (5): 1022 – 1037.

[97] XIE B, GUO T, ZHAO D, et al. A closed – loop supply chain operation problem under different recycling modes and patent licensing strategies [J]. Sustainability, 2022, 14 (8): 4471.

[98] MONDAL A K, PAREEK S, CHAUDHURI K, et al. Technology license sharing strategy for remanufacturing industries under a closed – loop supply chain management bonding [J]. RAIRO – operations research, 2022, 56 (4): 3017 – 3045.

[99] HONG X P, GOVINDAN K, XU L, et al. Quantity and collection decisions in a closed – loop supply chain with technology licensing [J]. European journal of operational research, 2017, 256 (3): 820 – 829.

[100] RAU H, BUDIMAN S D, REGENCIA R C, et al. A decision model for competitive re- manufacturing systems considering technology licensing and product quality strategies [J]. Journal of cleaner production, 2019, 239 (Dec. 1): 118011.1 – 118011.17.

[101] 程晋石, 李帮义, 龚本刚, 等. 考虑再制造的技术许可交易组合选择 [J]. 系统工程学报, 2018, 33 (4): 551 – 564.

[102] LIU L W, PANG C W, HONG X P. Patented product remanufacturing and technology licensing in a closed – loop supply chain [J]. Computers & industrial engineering, 2022, 172: 108634.

[103] OSTLIN J, SUNDIN E, BJORKMAN M. Importance of closed – loop supply chain relationships for product remanufacturing [J]. International journal of production economics, 2008, 115 (2): 336 – 348.

[104] ATASU A, SARVARY M, VAN WASSENHOVE L N. Remanufacturing as a marketing strategy [J]. Management science, 2008, 54 (10): 1731 – 1746.

[105] FERRER G, SWAMINATHAN J M. Managing new and remanufactured products [J]. Management science, 2006, 52 (1): 15 – 26.

[106] ATASU A, SOUZA G C. How does product recovery affect quality choice? [J]. Pro- duction and operations management, 2013, 22 (4): 991 – 1010.

[107] JIA J, XU S H, GUIDE V D R. Addressing supply – demand imbalance: designing ef- ficient remanufacturing strategies [J]. Production and operations management, 2016, 25 (11): 1958 – 1967.

[108] MUTHA A, BANSAL S, GUIDE V D R. Managing demand uncertainty through core acquisition in remanufacturing [J]. Production and operations management, 2016, 25 (8): 1449 – 1464.

[109] HAN X, WU H, YANG Q, et al. Reverse channel selection under remanufacturing risks: balancing profitability and robustness [J]. International journal of production economics, 2016, 182: 63 – 72.

[110] KUMAR A, CHINNAM R B, MURAT A. Hazard rate models for core return modeling in auto parts remanufacturing [J]. International journal of production economics, 2017, 183: 354 – 361.

[111] MITRA S. Models to explore remanufacturing as a competitive strategy under duopoly [J]. Omega – international journal of management science, 2016, 59: 215 – 227.

[112] JAYARAMAN V, LUO Y D. Creating competitive advantages through new value creation: a reverse logistics perspective [J]. Academy of management perspectives, 2007, 21 (2): 56 – 73.

[113] ZHOU L, NAIM M M, DISNEY S M. The impact of product returns and remanufacturing uncertainties on the dynamic performance of a multi – echelon closed – loop supply chain [J]. International journal of production economics, 2017, 183: 487 – 502.

[114] ESENDURAN G, KEMAHLIOGLU – ZIYA E, SWAMINATHAN J M. Impact of take – back regulation on the remanufacturing industry [J]. Production and operations management, 2017, 26 (5): 924 – 944.

[115] GENC T S, DE GIOVANNI P. Trade – in and save: a two – period closed – loop supply chain game with price and technology dependent returns [J]. International journal of production economics, 2017, 183: 514 – 527.

[116] WU C H. Product – design and pricing strategies with remanufacturing [J]. European journal of operational research, 2012, 222 (2): 204 – 215.

[117] OERSDEMIR A, KEMAHLIOGLU – ZIYA E, PARLAKTUERK A K. Competitive quality choice and remanufacturing [J]. Production and operations management, 2014, 23 (1): 48 – 64.

[118] GUIDE V D R, LI J. The potential for cannibalization of new products sales by remanufactured products [J]. Decision sciences, 2010, 41 (3): 547 – 572.

[119] TSAY A A, AGRAWAL N. Channel dynamics under price and service competition [J]. Manufacturing & service operations management, 2000, 2 (4): 372 – 391.

[120] DEBO L G, TOKTAY L B, VAN WASSENHOVE L N. Market segmentation and product technology selection for remanufacturable products [J]. Management science, 2005, 51 (8): 1193 – 1205.

[121] WU C H. Price and service competition between new and remanufactured products in a two – echelon supply chain [J]. International journal of production economics, 2012, 140 (1): 496 – 507.

[122] LEE H L, WHANG S J. Information sharing in a supply chain [J]. International journal of technology management, 2000, 20 (3 - 4): 373 - 387.

[123] YUE X, LIU J. Demand forecast sharing in a dual - channel supply chain [J]. European journal of operational research, 2006, 174 (1): 646 - 667.

[124] SHAMIR N. Strategic information sharing between competing retailers in a supply chain with endogenous wholesale price [J]. International journal of production economics, 2012, 136 (2): 352 - 365.

[125] LI L, ZHANG H. Confidentiality and information sharing in supply chain coordination [J]. Management science, 2008, 54 (8): 1467 - 1481.

[126] XIONG Y, ZHOU Y, LI G, et al. Don't forget your supplier when remanufacturing [J]. European journal of operational research, 2013, 230 (1): 15 - 25.

[127] DE GIOVANNI P, ZACCOUR G. A two - period game of a closed - loop supply chain [J]. European journal of operational research, 2014, 232 (1): 22 - 40.

[128] BAKAL I S, AKCALI E. Effects of random yield in remanufacturing with price - sensitive supply and demand [J]. Production and operations management, 2006, 15 (3): 407 - 420.

[129] MINNER S, KIESMUELLER G P. Dynamic product acquisition in closed loop supply chains [J]. International journal of production research, 2012, 50 (11): 2836 - 2851.

[130] LI L D. Information sharing in a supply chain with horizontal competition [J]. Management science, 2002, 48 (9): 1196 - 1212.

[131] DE GIOVANNI P, REDDY P V, ZACCOUR G. Incentive strategies for an optimal recovery program in a closed - loop supply chain [J]. European journal of operational research, 2016, 249 (2): 605 - 617.

[132] ZHANG J, CHEN J. Coordination of information sharing in a supply chain [J]. International journal of production economics, 2013, 143 (1): 178 - 187.

[133] BAJARI P, TADELIS S. Incentives versus transaction costs: a theory of procurement contracts [J]. The RAND journal of economics, 2001, 32 (3): 387 - 407.

[134] COHEN M A, HO T H, REN Z J, et al. Measuring imputed cost in the semiconductor equipment supply chain [J]. Management science, 2003, 49 (12): 1653 - 1670.

[135] LI T, ZHANG H. Information sharing in a supply chain with a make – to – stock manufacturer [J]. Omega – international journal of management science, 2015, 50: 115 – 125.

[136] BHATTACHARYYA M, SANA S S. A mathematical model on eco – friendly manufacturing system under probabilistic demand [J]. Rairo – operations research, 2019, 53 (5): 1899 – 1913.

[137] SANA S S. A structural mathematical model on two echelon supply chain system [J]. Annals of operations research, 2022, 315 (2): 1997 – 2025.

[138] ZOU Z B, WANG J J, DENG G S, et al. Third – party remanufacturing mode selection: outsourcing or authorization? [J]. Transportation research part E – Logistics and transportation review, 2016, 87: 1 – 19.

[139] AVAGYAN V, ESTEBAN – BRAVO M, VIDAL – SANZ J M. Licensing radical product innovations to speed up the diffusion [J]. European journal of operational research, 2014, 239 (2): 542 – 555.

[140] ARORA A, FOSFURI A, RONDE T. Managing licensing in a market for technology [J]. Management science, 2013, 59 (5): 1092 – 1106.

[141] WEI J, ZHAO J. Pricing decisions with retail competition in a fuzzy closed – loop supply chain [J]. Expert systems with applications, 2011, 38 (9): 11209 – 11216.

[142] ANAND K S, GOYAL M. Strategic information management under leakage in a supply chain [J]. Management science, 2008, 55 (3): 438 – 452.

[143] HAMMOND D, BEULLENS P. Closed – loop supply chain network equilibrium under legislation [J]. European journal of operational research, 2007, 183 (2): 895 – 908.

[144] FERGUSON M E, TOKTAY L B. The effect of competition on recovery strategies [J]. Production and operations management, 2006, 15 (3): 351 – 368.

[145] HA A Y, TONG S, ZHANG H. Sharing demand information in competing supply chains with production diseconomies [J]. Management science, 2011, 57 (3): 566 – 581.

[146] IYER G, VILLAS – BOAS J M. A bargaining theory of distribution channels [J]. Journal of marketing research, 2003, 40 (1): 80 – 100.

[147] DESAI P S, SRINIVASAN K. Demand signalling under unobservable effort in franchi-

sing: linear and nonlinear price contracts [J]. Management science, 1995, 41 (10): 1608 – 1623.

[148] ARYA A, MITTENDORF B, SAPPINGTON D E M. The bright side of supplier encroachment [J]. Marketing science, 2007, 26 (5): 651 – 659.

[149] LIU B, GUAN X, WANG Y. Supplier encroachment with multiple retailers [J]. Production and operations management, 2021, 30 (10): 3523 – 3539.

[150] NIE J, WANG Q, SHI C, et al. The dark side of bilateral encroachment within a supply chain [J]. Journal of the operational research society, 2022, 73 (4): 811 – 821.

[151] WANG N, LI Z. Supplier encroachment with a dual – purpose retailer [J]. Production and operations management, 2021, 30 (8): 2672 – 2688.

[152] ZHANG T, FENG X, WANG N. Manufacturer encroachment and product assortment under vertical differentiation [J]. European journal of operational research, 2021, 293 (1): 120 – 132.

[153] MUKHOPADHYAY S K, YAO D Q, YUE X H. Information sharing of value – adding retailer in a mixed channel hi – tech supply chain [J]. Journal of business research, 2008, 61 (9): 950 – 958.

[154] LI J, HU Z, SHI V, et al. Manufacturer's encroachment strategy with substitutable green products [J]. International journal of production economics, 2021, 235: 108102.

[155] FAWCETT S E, OSTERHAUS P, MAGNAN G M, et al. Information sharing and supply chain performance: the role of connectivity and willingness [J]. Supply chain management: an international journal, 2007, 12 (5): 358 – 368.

[156] SAHAJWALLA V, GAIKWAD V. The present and future of e – waste plastics recycling [J]. Current opinion in green and sustainable chemistry, 2018, 13: 102 – 107.

[157] LI J, LIANG J, SHI V, et al. The benefit of manufacturer encroachment considering consumer's environmental awareness and product competition [J]. Annals of operations research, 2021: 1 – 21.

[158] HUANG P Y, PAN S L, OUYANG T H. Developing information processing capability for operational agility: implications from a Chinese manufacturer [J]. European journal

of information systems, 2014, 23 (4): 462 –480.

[159] ZHENG B, YANG C, YANG J, et al. Dual – channel closed loop supply chains: forward channel competition, power structures and coordination [J]. International journal of production research, 2017, 55 (12): 3510 –3527.

[160] GUAN Z, ZHANG X, ZHOU M, et al. Demand information sharing in competing supply chains with manufacturer – provided service [J]. International journal of production economics, 2020, 220: 107450.

[161] JABER M Y, GUIFFRIDA A L. Learning curves for processes generating defects requiring reworks [J]. European journal of operational research, 2004, 159 (3): 663 –672.

[162] JABER M Y, BONNEY M. Lot sizing with learning and forgetting in set – ups and in product quality [J]. International journal of production economics, 2003, 83 (1): 95 –111.

[163] GLOCK C H, JABER M Y, SEARCY C. Sustainability strategies in an EPQ model with price – and quality – sensitive demand [J]. The international journal of logistics management, 2012, 23 (3): 340 –359.

[164] GOVINDAN K, SOLEIMANI H, KANNAN D. Reverse logistics and closed – loop supply chain: a comprehensive review to explore the future [J]. European journal of operational research, 2015, 240 (3): 603 –626.

[165] GUIDE V D R, VAN WASSENHOVE L N. The evolution of closed – loop supply chain research [J]. Operations research, 2009, 57 (1): 10 –18.

[166] ARAS N, VERTER V, BOYACI T. Coordination and priority decisions in hybrid manufacturing/remanufacturing systems [J]. Production and operations management, 2006, 15 (4): 528 –543.

[167] QIANG Q P. The closed – loop supply chain network with competition and design for remanufactureability [J]. Journal of cleaner production, 2015, 105: 348 –356.

[168] PERKINS D N, DRISSE M N B, NXELE T, et al. E – waste: a global hazard [J]. Annals of global health, 2014, 80 (4): 286 –295.

[169] VACCARI M, VINTI G, CESARO A, et al. WEEE treatment in developing countries: environmental pollution and health consequences—an overview [J]. International jour-

nal of environmental research and public health, 2019, 16 (9): 1595.

[170] SUN Q, WANG C, ZHOU Y, et al. Dominant platform capability, symbiotic strategy and the construction of "Internet plus WEEE collection" business ecosystem: a comparative study of two typical cases in China [J]. Journal of cleaner production, 2020, 254: 120074.

[171] CARTER C R, JENNINGS M M. Social responsibility and supply chain relationships [J]. Transportation research part E – Logistics and transportation review, 2002, 38 (1): 37 – 52.

[172] YU H, DAI H, TIAN G, et al. Key technology and application analysis of quick coding for recovery of retired energy vehicle battery [J]. Renewable & sustainable energy reviews, 2021, 135: 110129.

[173] PANDA S, MODAK N M. Exploring the effects of social responsibility on coordination and profit division in a supply chain [J]. Journal of cleaner production, 2016, 139: 25 – 40.

[174] ALGHAZO J, OUDA O K M, HASSAN A E. E – waste environmental and information security threat: GCC countries vulnerabilities [J]. Euro – Mediterranean journal for environmental integration, 2018, 3 (13): 1 – 10.

[175] NAIR A, NARASIMHAN R. Dynamics of competing with quality – and advertising – based goodwill [J]. European journal of operational research, 2006, 175 (1): 462 – 474.

[176] GUO S, SHEN B, CHOI T M, et al. A review on supply chain contracts in reverse logistics: supply chain structures and channel leaderships [J]. Journal of cleaner production, 2017, 144: 387 – 402.

[177] LIU W, LIU Y, ZHU D, et al. The influences of demand disruption on logistics service supply chain coordination: a comparison of three coordination modes [J]. International journal of production economics, 2016, 179: 59 – 76.

[178] LI X, LI Y. Optimal service contract under cost information symmetry/asymmetry [J]. Journal of the operational research society, 2016, 67 (2): 269 – 279.

[179] PANDA S, MODAK N M, EDUARDO CARDENAS – BARRON L. Coordinating a socially responsible closed – loop supply chain with product recycling [J]. International

journal of production economics, 2017, 188: 11 – 21.

[180] LIU W, WANG D, SHEN X, et al. The impacts of distributional and peer – induced fairness concerns on the decision – making of order allocation in logistics service supply chain [J]. Transportation research part E – Logistics and transportation review, 2018, 116: 102 – 122.

[181] ZHOU W, ZHENG Y, HUANG W. Competitive advantage of qualified WEEE recyclers through EPR legislation [J]. European journal of operational research, 2017, 257 (2): 641 – 655.

[182] ZHANG Y H, WANG Y. The impact of government incentive on the two competing supply chains under the perspective of corporation social responsibility: a case study of photovoltaic industry [J]. Journal of cleaner production, 2017, 154: 102 – 113.

[183] ZHENG B, CHU J, JIN L. Recycling channel selection and coordination in dual sales channel closed – loop supply chains [J]. Applied mathematical modelling, 2021, 95: 484 – 502.

[184] XIANG Z, XU M. Dynamic cooperation strategies of the closed – loop supply chain involving the internet service platform [J]. Journal of cleaner production, 2019, 220: 1180 – 1193.

[185] RAZA S A. Supply chain coordination under a revenue – sharing contract with corporate social responsibility and partial demand information [J]. International journal of production economics, 2018, 205: 1 – 14.

[186] ZHANG Z, LIU S, NIU B. Coordination mechanism of dual – channel closed – loop supply chains considering product quality and return [J]. Journal of cleaner production, 2020, 248: 119273.

附　录

附录 1　第 3 章相关内容

命题 3.1 证明：

取 $E(\Pi_R^{M-R})$ 关于 p 的二阶偏导数，可以得到 $\partial^2 E(\Pi_R^{M-R})/\partial p^2 = -2b < 0$，所以 $E(\Pi_R^{M-R})$ 是关于 p 的凹函数。

最优价格策略可求解如下：

$$\partial E(\Pi_R^{M-R})/\partial p = A + bw_n - 2bp = 0$$

然后，取 $E(\Pi_M^{M-R})$ 关于 w_n 和 r 的二阶偏导数，得到海塞矩阵：

$$H_M^{M-R} = \begin{bmatrix} \partial^2 E(\Pi_M^{M-R})/\partial w_n^2 & \partial^2 E(\Pi_M^{M-R})/\partial w_n \partial r \\ \partial^2 E(\Pi_M^{M-R})/\partial r \partial w_n & \partial^2 E(\Pi_M^{M-R})/\partial r^2 \end{bmatrix} = \begin{bmatrix} -2b & 0 \\ 0 & -2v \end{bmatrix}$$

很容易发现，$E(\Pi_M^{M-R})$ 是严格凹入 w_n 和 r 的。取 $E(\Pi_M^{M-R})$ 关于 w_n 和 r 的一阶偏导数，让导数为 0，有

$$\begin{cases} \dfrac{\partial E(\Pi_M^{M-R})}{\partial w_n} = a_0 + bc_n + bw_c - 2bw_n = 0 \\ \dfrac{\partial E(\Pi_M^{M-R})}{\partial r} = vs_1 + vw_c - u - 2vr = 0 \end{cases}$$

然后，取 $E(\Pi_S^{M-R})$ 关于 w_c 的二阶偏导数，可以得到 $\partial^2 E(\Pi_S^{M-R})/\partial w_c^2 = -2b - 4v < 0$。所以 $E(\Pi_S^{M-R})$ 是 w_c 的凹函数。在最优价格策略中的凹性可以求解为

$$\partial E(\Pi_S^{M-R})/\partial w_c = a_0 - bc_n - 2u - 2vs_1 + (b + 2v)c_c - 2(b + 2v)w_c = 0$$

命题 3.2 证明：

由于二阶偏导数 $\partial^2 E(\varPi_R^{M-R-M})/\partial p^2 = -2b < 0$，因此 $E(\varPi_R^{M-R-M})$ 是关于 p 的严格凹函数。取 $E(\varPi_R^{M-R-M})$ 关于 p 的一阶偏导数，可以得到 $\partial E(\varPi_R^{M-R-M})/\partial p = A + bw_n - 2bp = 0$。因此 $p^{M-R-M*} = (A + bw_n)/(2b)$。

然后，取 $E(\varPi_M^{M-R-M})$ 关于 w_n 和 r 的二阶偏导数，海塞矩阵如下：

$$\boldsymbol{H}_M^{M-R-M} = \begin{bmatrix} \partial^2 E(\varPi_M^{M-R-M})/\partial w_n^2 & \partial^2 E(\varPi_M^{M-R-M})/\partial w_n \partial r \\ \partial^2 E(\varPi_M^{M-R-M})/\partial r \partial w_n & \partial^2 E(\varPi_M^{M-R-M})/\partial r^2 \end{bmatrix} = \begin{bmatrix} -2b & 0 \\ 0 & -2v \end{bmatrix}$$

可以得到 $\partial^2 E(\varPi_M^{M-R-M})/\partial w_n^2 = -2b < 0$ 和 $|\boldsymbol{H}_M^{M-R-M}| = 4bv > 0$。因此，$E(\varPi_M^{M-R-M})$ 在 w_n 和 r 中是共同凹入的。取 $E(\varPi_M^{M-R-M})$ 对 w_n 和 r 的一阶偏导数，可以得到：

$$\begin{cases} \dfrac{\partial E(\varPi_M^{M-R-M})}{\partial w_n} = A + bc_n + bw_c - 2bw_n = 0 \\[3mm] \dfrac{\partial E(\varPi_M^{M-R-M})}{\partial r} = vs_1 + vw_c - u - 2vr = 0 \end{cases}$$

此外，由于零售商只与制造商共享信息，因此供应商的预期零售价格 $p^{M-R-M**} = (a_0 + bw_n)/(2b)$。$E(\varPi_S^{M-R-M})$ 关于 w_c 的二阶偏导数 $\partial^2 E(\varPi_S^{M-R-M})/\partial w_c^2 = -2b - 4v < 0$，因此 $E(\varPi_S^{M-R-M})$ 是关于 w_c 的凹函数。最优价格策略可以求解为

$$\partial E(\varPi_s^{M-R-M})/\partial w_c = 2a_0 - A - bc_n - 2u - 2vs_1 +$$
$$(b + 2v)c_c - 2(b + 2v)w_c = 0$$

命题 3.3 和命题 3.4 证明：

命题 3.3 和命题 3.4 的证明与命题 3.2 相似。

命题 3.5 证明：

取 $E(\varPi_R^{S-R})$ 对 p 的二阶偏导数，可以得到 $\partial^2 E(\varPi_R^{S-R})/\partial p^2 = -2b < 0$。因此 $E(\varPi_R^{S-R})$ 是关于 p 的凹函数。

最优价格策略的一阶偏导数可以求解如下：

$$\partial E(\varPi_R^{S-R})/\partial p = A + bw_n - 2bp = 0$$

然后取 $E(\varPi_M^{S-R})$ 关于 w_n 的二阶偏导数，可以得到 $\partial^2 E(\varPi_M^{S-R})/\partial w_n^2 = -2b < 0$。因此最优价格策略可以求解为

$$\partial E(\varPi_M^{S-R})/\partial w_n = a_0 + bc_n + bw_c - 2bw_n = 0$$

再取 $E(\varPi_S^{S-R})$ 对 w_c 和 r 的二阶偏导数，海塞矩阵为

$$\boldsymbol{H}_S^{S-R} = \begin{bmatrix} \partial^2 E(\varPi_S^{S-R})/\partial w_c^2 & \partial^2 E(\varPi_S^{S-R})/\partial w_c \partial r \\ \partial^2 E(\varPi_S^{S-R})/\partial r \partial w_c & \partial^2 E(\varPi_S^{S-R})/\partial r^2 \end{bmatrix} = \begin{bmatrix} -2b & 0 \\ 0 & -2v \end{bmatrix}$$

因为 $\partial^2 E(\varPi_S^{S-R})/\partial w_c^2 = -2b < 0$ 和 $|\boldsymbol{H}_S^{S-R}| = 4bv > 0$，所以 $E(\varPi_S^{S-R})$ 是严格地在 w_c 和 r 中共同凹入的。$E(\varPi_S^{S-R})$ 对 w_c 和 r 的一阶偏导数可以写为

$$\begin{cases} \dfrac{\partial E(\varPi_S^{S-R})}{\partial w_c} = a_0 - bc_n + bc_c - 2bw_c = 0 \\ \dfrac{\partial E(\varPi_S^{S-R})}{\partial r} = vs_2 - u - 2vr = 0 \end{cases}$$

命题 3.6、命题 3.7 和命题 3.8 证明：

命题 3.6、命题 3.7 和命题 3.8 的证明与命题 3.5 相似。

推论 3.1 证明：

在 $A > a_0$ 条件下，通过比较均衡解，可以得到以下结果：

$$w_c^{M-R*} - w_c^{M-R-M*} = \frac{a_0 - bc_n + (b+2v)c_c - 2vs_1 - 2u}{2b+4v} - \frac{2a_0 - A - bc_n + (b+2v)c_c - 2vs_1 - 2u}{2b+4v}$$

简化后为

$$w_c^{M-R*} - w_c^{M-R-M*} = \frac{A - a_0}{2b+4v} > 0$$

同样，$w_c^{M-R-S*} > w_c^{M-R-T*}$，$w_c^{M-R-T*} > w_c^{M-R*}$，$w_c^{S-R-S*} > w_c^{S-R-T*}$，$w_c^{S-R-T*} > w_c^{S-R*}$，$w_c^{S-R*} > w_c^{S-R-M*}$。

推论 3.2 证明:

如果 $A > a_0$,那么,

$$w_n^{M-R-M*} - w_n^{M-R*} = \frac{(b+4v)(A-a_0)}{4b(b+2v)} > 0$$

$$w_n^{M-R-T*} - w_n^{M-R-M*} = \frac{2b(A-a_0)}{4b(b+2v)} > 0$$

因此 $w_n^{M-R-T*} > w_n^{M-R-M*} > w_n^{M-R*}$,同样可以证明,$w_n^{M-R-T*} > w_n^{M-R-S*} > w_n^{M-R*}$,$p^{M-R-T*} > p^{M-R-M*} > p^{M-R*}$,$p^{M-R-T*} > p^{M-R-S*} > p^{M-R*}$。

然后在 $A > a_0$ 且 $4v > b$ 的条件下,

$$w_n^{M-R-M*} - w_n^{M-R-S*} = \frac{(4v-b)(A-a_0)}{4b(b+2v)} > 0$$

同样,$p^{M-R-M*} > p^{M-R-S*}$。

推论 3.3 证明:

推论 3.3 的证明与推论 3.1 和推论 3.2 相似。

推论 3.4 证明:

与推论 3.2 的证明类似:

$$E(\Pi_R^{M-R*}) - E(\Pi_R^{M-R-M*}) = \frac{\left[(4b+8v)^2 - (3b+4v)^2\right]kt}{64b(b+2v)^2} > 0$$

$$E(\Pi_R^{M-R-M*}) - E(\Pi_R^{M-R-T*}) = \frac{\left[(3b+4v)^2 - (b+4v)^2\right]kt}{64b(b+2v)^2} > 0$$

因此可以得到 $E(\Pi_R^{M-R*}) > E(\Pi_R^{M-R-M*}) > E(\Pi_R^{M-R-T*})$。同样也可以得到 $E(\Pi_R^{M-R*}) > E(\Pi_R^{M-R-S*}) > E(\Pi_R^{M-R-T*})$。

比较 $E(\Pi_R^{M-R-S*})$ 和 $E(\Pi_R^{M-R-M*})$ 可以得到:

$$E(\Pi_R^{M-R-S*}) - E(\Pi_R^{M-R-M*}) = \frac{\left[(2b+8v)^2 - (3b+4v)^2\right]kt}{64b(b+2v)^2}$$

简化后为

$$(4v-b)(5b+12v) > 0$$

然后如果 $4v > b$ 成立,则 $E(\Pi_R^{M-R-S*}) > E(\Pi_R^{M-R-M*})$。

推论 3.5 证明：

通过相减可以得到：

$$E(\Pi_M^{M-R-S*}) - E(\Pi_M^{M-R-M*}) = \frac{(b-4v)(3b+4v)kt}{32b(b+2v)^2} + \frac{3vkt}{16(b+2v)^2} > 0$$

简化后为

$$3b^2 - 2bv - 16v^2 = (3b-8v)(b+2v) > 0$$

然后可以得到，如果 $b > \frac{8}{3}v$，那么 $E(\Pi_M^{M-R-S*}) > E(\Pi_M^{M-R-M*})$。

同样地，

$$E(\Pi_M^{M-R-S*}) - E(\Pi_M^{M-R-T*}) = \frac{[4b(3b+4v) - (b+4v)^2]kt}{32b(b+2v)^2} +$$

$$\frac{3vkt}{16(b+2v)^2} > 0$$

简化后为

$$11b^2 + 12bv - 16v^2 = (11b-8v)(b+2v) > 0$$

因此，如果满足 $b > \frac{8}{11}v$，就可以得到 $E(\Pi_M^{M-R-S*}) > E(\Pi_M^{M-R-T*})$。

推论 3.6 证明：

推论 3.6 的证明与推论 3.4 和推论 3.5 相似。

推论 3.7 证明：

通过相减可以得到以下公式：

$$\Delta E(\Pi_R^{M-R-M*}) = E(\Pi_R^{M-R-M*}) - E(\Pi_R^{M-R*}) = -\frac{(b+4v)(7b+12v)kt}{64b(b+2v)^2}$$

$$\Delta E(\Pi_M^{M-R-M*}) = E(\Pi_M^{M-R-M*}) - E(\Pi_M^{M-R*}) = \frac{(9b^2 + 26bv + 16v^2)kt}{32b(b+2v)^2}$$

$$\Delta E(\Pi_S^{M-R-M*}) = E(\Pi_S^{M-R-M*}) - E(\Pi_S^{M-R*}) = \frac{5kt}{16(b+2v)}$$

从而可以得到：

$$\Delta E(\Pi^{M-R-M*}) = \Delta E(\Pi_R^{M-R-M*}) + \Delta E(\Pi_M^{M-R-M*}) + \Delta E(\Pi_S^{M-R-M*})$$

$$= \frac{(31b^2 + 52bv - 16v^2)kt}{64b(b + 2v)^2}$$

如果满足 $b > \frac{17}{62}v$，就可以得到 $\Delta E(\Pi^{M-R-M*}) > 0$。

类似地，$\Delta E(\Pi^{M-R-S*}) > 0$，$\Delta E(\Pi^{S-R-M*}) > \Delta E(\Pi^{S-R-S*}) > 0$，$\Delta E(\Pi^{M-R-T*}) < 0$，$\Delta E(\Pi^{S-R-T*}) < 0$。

引理 3.1 证明：

相减得到：

$$w_c^{S-R*} - w_c^{M-R*} = \frac{a_0 - bc_n + bc_c}{2b} - \frac{a_0 - bc_n + (b + 2v)c_c - 2vs_1 - 2u}{2b + 4v} > 0$$

简化后为

$$\frac{4va_0 + 4bbc_n + 4bvs_1 + 4bu}{4b(b + 2v)} > 0$$

然后就可以得到 $w_c^{S-R*} > w_c^{M-R*}$。

同样地，可以证明 $w_c^{S-R-M*} > w_c^{M-R-M*}$，$w_c^{S-R-S*} > w_c^{M-R-S*}$，$w_c^{S-R-T*} > w_c^{M-R-T*}$。

引理 3.2 证明：

如果 $A > 2a_0 - b(c_n - s_1) + \frac{bu}{v}$，那么，

$$\frac{w_n^{M-R-M*}}{w_n^{S-R-M*}} = \frac{2ba_0 + (b + 4v)A + (b + 4v)bc_n + b(b + 2v)c_c - 2bvs_1 - 2bu}{(b + 2v)(a_0 + A + bc_n + bc_c)} > 1$$

经过简化可以得到：

$$2vA + 2bvc_n - 2bvs_1 - 2bu - 4va_0 > 0$$

因此，$w_n^{M-R-M*} > w_n^{S-R-M*}$。

如果 $A > \frac{va_0 + bvc_n - bvs_1 - bu}{2v}$，那么，

$$\frac{w_n^{S-R-S*}}{w_n^{M-R-S*}} = \frac{(b + 2v)(a_0 + 2A + bc_n + bc_c)}{(b + 4v)a_0 + 2bA + (b + 4v)bc_n + b(b + 2v)c_c - 2bvs_1 - 2bu} > 1$$

经过简化可以得到：

$$2vA - bvc_n + bvs_1 + bu - va_0 > 0$$

因此 $w_n^{S-R-S*} > w_n^{M-R-S*}$。

同样地，可以得到 $p^{M-R-M*} > p^{S-R-M*}$ 和 $p^{S-R-S*} > p^{M-R-S*}$。

引理 3.3 证明：

引理 3.3 的证明与引理 3.1 和引理 3.2 相似。

引理 3.4 证明：

通过相减得到：

$$E(\Pi_R^{M-R*}) - E(\Pi_R^{S-R*})$$

$$= \frac{[(b+4v)(a_0 - bc_n) - b(b+2v)c_c + 2bvs_1 + 2bu]^2}{64b(b+2v)^2} -$$

$$\frac{(a_0 - bc_n - bc_c)^2}{64b} > 0$$

在简化之后，有

$$\frac{[(b+2v)(a_0 - bc_n - bc_c) + 2v(a_0 - bc_n) + 2bvs_1 + 2bu]^2 - [(b+2v)(a_0 - bc_n - bc_c)]^2}{64b(b+2v)^2} > 0$$

然后就可以得到 $E(\Pi_R^{M-R*}) > E(\Pi_R^{S-R*})$。

同样地，可以证明 $E(\Pi_R^{M-R-S*}) > E(\Pi_R^{S-R-S*})$ 和 $E(\Pi_R^{M-R-T*}) > E(\Pi_R^{S-R-T*})$。

随后，

$$\frac{E(\Pi_R^{S-R-M*})}{E(\Pi_R^{M-R-M*})}$$

$$= \frac{[(a_0 - bc_n - bc_c)^2 + 9kt](b+2v)^2}{[(b+4v)(a_0 - bc_n) - b(b+2v)c_c + 2bvs_1 + 2bu]^2 + (3b+4v)^2 kt} > 1$$

简化后为

$$v(3b + 5v)kt > [v(a_0 - bc_n + bs_1) + bu] \cdot$$

$$[(b+3v)(a_0 - bc_n) - b(b+2v)c_c + b(vs_1 + u)]$$

如果满足

$$t > \frac{[v(a_0 - bc_n + bs_1) + bu][(b + 3v)(a_0 - bc_n) - b(b + 2v)c_c + b(vs_1 + u)]}{kv(3b + 5v)}$$

就可以得到 $E(\Pi_R^{S-R-M*}) > E(\Pi_R^{M-R-M*})$。

引理 3.5 和引理 3.6 证明：

引理 3.5 和引理 3.6 的证明与引理 3.4 相似。

附表 3 – 1　最优价格随 A 的变化而变化

		A	46	47	48	49	50	51	52	53	54
w_c	$M-R$	w_c^{M-R*}	3.82	3.82	3.82	3.82	3.82	3.82	3.82	3.82	3.82
		w_c^{M-R-M*}	4.22	4.12	4.02	3.92	3.82	3.72	3.62	3.52	3.42
		w_c^{M-R-S*}	3.02	3.22	3.42	3.62	3.82	4.02	4.22	4.42	4.62
		w_c^{M-R-T*}	3.42	3.52	3.62	3.72	3.82	3.92	4.02	4.12	4.22
	$S-R$	w_c^{S-R*}	6.9333	6.9333	6.9333	6.9333	6.9333	6.9333	6.9333	6.9333	6.9333
		w_c^{S-R-M*}	7.6	7.4333	7.2667	7.1	6.9333	6.7667	6.6	6.4333	6.2667
		w_c^{S-R-S*}	5.6	5.9333	6.2667	6.6	6.9333	7.2667	7.6	7.9333	8.2667
		w_c^{S-R-T*}	6.2667	6.4333	6.6	6.7667	6.9333	7.1	7.2667	7.4333	7.6
w_n	$M-R$	w_n^{M-R*}	13.1433	13.1433	13.1433	13.1433	13.1433	13.1433	13.1433	13.1433	13.1433
		w_n^{M-R-M*}	12.6767	12.7933	12.91	13.0267	13.1433	13.26	13.3767	13.4933	13.61
		w_n^{M-R-S*}	12.7433	12.8433	12.9433	13.0433	13.1433	13.2433	13.3433	13.4433	13.5433
		w_n^{M-R-T*}	12.2767	12.4933	12.71	12.9267	13.1433	13.36	13.5767	13.7933	14.01
	$S-R$	w_n^{S-R*}	14.7	14.7	14.7	14.7	14.7	14.7	14.7	14.7	14.7
		w_n^{S-R-M*}	14.3667	14.45	14.5333	14.6167	14.7	14.7833	14.8667	14.95	15.0333
		w_n^{S-R-S*}	14.0333	14.2	14.3667	14.5333	14.7	14.8667	15.0333	15.2	15.3667
		w_n^{S-R-T*}	13.7	13.95	14.2	14.45	14.7	14.95	15.2	15.45	15.7
r	$M-R$	r^{M-R*}	3.26	3.26	3.26	3.26	3.26	3.26	3.26	3.26	3.26
		r^{M-R-M*}	3.46	3.41	3.36	3.31	3.26	3.21	3.16	3.11	3.06
		r^{M-R-S*}	2.86	2.96	3.06	3.16	3.26	3.36	3.46	3.56	3.66
		r^{M-R-T*}	3.06	3.11	3.16	3.21	3.26	3.31	3.36	3.41	3.46
	$S-R$	r^{S-R*}	0.6	0.6	0.6	0.6	0.6	0.6	0.6	0.6	0.6
		r^{S-R-M*}	0.6	0.6	0.6	0.6	0.6	0.6	0.6	0.6	0.6
		r^{S-R-S*}	0.6	0.6	0.6	0.6	0.6	0.6	0.6	0.6	0.6
		r^{S-R-T*}	0.6	0.6	0.6	0.6	0.6	0.6	0.6	0.6	0.6

注：价格单位为"1000 ×"。

附表 3 - 2　最优预期利润随 t 的变化而变化

t	0.1	0.2	0.3	0.4	0.5	0.6	0.7	0.8	0.9	1.0
$E(\Pi_R^{M-R*})$	9.5604	9.8104	10.0604	10.3104	10.5604	10.8104	11.0604	11.3104	11.5604	11.8104
$E(\Pi_R^{M-R-M*})$	9.416	9.5217	9.6273	9.7329	9.8385	9.9442	10.0497	10.1554	10.261	10.3667
$E(\Pi_R^{M-R-S*})$	9.4329	9.5554	9.6779	9.8004	9.9229	10.0454	10.1679	10.2904	10.4129	10.5354
$E(\Pi_R^{M-R-T*})$	9.341	9.3717	9.4023	9.4329	9.4635	9.4942	9.5248	9.5554	9.586	9.6167
$E(\Pi_R^{S-R*})$	3.1508	3.4008	3.6508	3.9008	4.1508	4.4008	4.6508	4.9008	5.1508	5.4008
$E(\Pi_R^{S-R-M*})$	3.0415	3.1821	3.3227	3.4633	3.6039	3.7446	3.8852	4.0258	4.1665	4.3071
$E(\Pi_R^{S-R-S*})$	2.9633	3.0258	3.0883	3.1508	3.2133	3.2758	3.3383	3.4008	3.4633	3.5258
$E(\Pi_R^{S-R-T*})$	2.9165	2.9321	2.9477	2.9633	2.9789	2.9946	3.0102	3.0258	3.0415	3.0571
$E(\Pi_M^{M-R*})$	40.9937	40.9937	40.9937	40.9937	40.9937	40.9937	40.9937	40.9937	40.9937	40.9937
$E(\Pi_M^{M-R-M*})$	41.2124	41.4312	41.6499	41.8687	42.0875	42.3062	42.525	42.7437	42.9625	43.1812
$E(\Pi_M^{M-R-S*})$	41.2187	41.4437	41.6687	41.8937	42.1187	42.3437	42.5687	42.7937	43.0187	43.2437
$E(\Pi_M^{M-R-T*})$	41.0625	41.1312	41.2	41.2687	41.3375	41.4062	41.475	41.5437	41.6125	41.6812
$E(\Pi_M^{S-R*})$	5.8017	5.8017	5.8017	5.8017	5.8017	5.8017	5.8017	5.8017	5.8017	5.8017
$E(\Pi_M^{S-R-M*})$	6.0829	6.3642	6.6454	6.9267	7.2079	7.4892	7.7704	8.0517	8.3329	8.6142
$E(\Pi_M^{S-R-S*})$	6.1767	6.5517	6.9267	7.3017	7.6767	8.0517	8.4267	8.8017	9.1767	9.5517
$E(\Pi_M^{S-R-T*})$	5.8329	5.8642	5.8954	5.9267	5.9579	5.9892	6.0204	6.0517	6.0829	6.1142
$E(\Pi_S^{M-R*})$	0.8405	0.8405	0.8405	0.8405	0.8405	0.8405	0.8405	0.8405	0.8405	0.8405
$E(\Pi_S^{M-R-M*})$	1.028	1.2155	1.403	1.5905	1.778	1.9655	2.153	2.3405	2.528	2.7155
$E(\Pi_S^{M-R-S*})$	0.9905	1.1405	1.2905	1.4405	1.5905	1.7405	1.8905	2.0405	2.1905	2.3405
$E(\Pi_S^{M-R-T*})$	0.878	0.9155	0.953	0.9905	1.028	1.0655	1.103	1.1405	1.178	1.2155
$E(\Pi_S^{S-R*})$	14.1633	14.1633	14.1633	14.1633	14.1633	14.1633	14.1633	14.1633	14.1633	14.1633
$E(\Pi_S^{S-R-M*})$	14.4758	14.7883	15.1008	15.4133	15.7258	16.0383	16.3508	16.6633	16.9758	17.2883
$E(\Pi_S^{S-R-S*})$	14.4133	14.6633	14.9133	15.1633	15.4133	15.6633	15.9133	16.1633	16.4133	16.6633
$E(\Pi_S^{S-R-T*})$	14.2258	14.2883	14.3508	14.4133	14.4758	14.5383	14.6008	14.6633	14.7258	14.7883
s^{M-R}	—	—	—	—	—	—	—	—	—	0.043
s^{S-R}	—	—	—	—	—	—	—	—	—	0.046

注：最优预期利润单位为"1000×"。s^{M-R} 和 s^{S-R} 分别代表激励零售商在制造商再制造和供应商再制造模式中共享真实信息的最低单位补贴。

附录2 第4章相关内容

无信息共享时的无再制造模式（模型 N – R）

在模型 N – R 中，经销商不与制造商共享信息。因此，供应链成员的最优决策问题为

$$\underset{p}{Max}E(\Pi_D^{N-R}) = E((p-w)(a-bp) \mid f) \qquad (A4-1)$$

$$\underset{w}{Max}E(\Pi_M^{N-R}) = E((w-c_n)D(p)) \qquad (A4-2)$$

通过一阶求导可得，最优零售价格 $p^{N-R*} = (A+bw)/(2b)$。由于经销商不向制造商披露信息，因此制造商的预期零售价格 $p^{N-R**} = (a_0+bw)/(2b)$。其中，"*"表示均衡值，"**"表示不从经销商处接收信息的供应链成员的期望值。然后使用逆向归纳法来获得命题 A4.1 中的均衡决策。

命题 A4.1 在模型 N – R 中，最优批发价格为

$$w^{N-R*} = \frac{a_0 + bc_n}{2b}$$

将 p^{N-R*} 和 w^{N-R*} 重新代入式（A4 – 1）和式（A4 – 2），可得模型 N – R 的最优预期利润为

$$E(\Pi_D^{N-R*}) = \frac{(a_0 - bc_n)^2 + 4kt}{16b}$$

$$E(\Pi_M^{N-R*}) = \frac{(a_0 - bc_n)^2}{8b}$$

从均衡解来看，经销商的预期利润随着 t 的提高而增加，并且更高的预测精度 t 有助于经销商在模型 N – R 中获得更高的利润，而不知道需求信息的制造商不会受到 t 的影响。

无信息共享时的制造商再制造模式（模型 O – R）

在模型 O – R 中，制造商不会从经销商那里获得需求信息，只能根据自

己的判断做出定价决策。经销商和制造商预期利润的表达式如下：

$$\underset{p}{Max}E(\Pi_D^{O-R}) = E((p-w)(a-bp) \mid f) \qquad (A4-3)$$

$$\underset{w,r}{Max}E(\Pi_M^{O-R}) = E((w-c_n)(D(p)-G(r)) + (w-c_r-r)G(r))$$

$$= E((w-c_n)D(p) + (s_1-r)G(r)) \qquad (A4-4)$$

此时最优零售价格 $p^{O-R*} = (A+bw)/(2b)$，由于模型 O-R 中不存在信息共享，因此制造商的预期零售价格 $p^{O-R**} = (a_0+bw)/(2b)$。均衡解在下述命题中给出。

命题 A4.2　在模型 O-R 中，最优定价策略为

$$w^{O-R*} = \frac{a_0+bc_n}{2b}$$

$$r^{O-R*} = \frac{vs_1-u}{2v}$$

将 p^{O-R*}、w^{O-R*} 和 r^{O-R*} 的值重新代入式（A4-3）和式（A4-4），可得模型 O-R 的最优预期利润为

$$E(\Pi_D^{O-R*}) = \frac{(a_0-bc_n)^2+4kt}{16b}$$

$$E(\Pi_M^{O-R*}) = \frac{(a_0-bc_n)^2}{8b} + \frac{(u+vs_1)^2}{4v}$$

与模型 N-R 类似，在模型 O-R 中可以获得相同的趋势，也就是说，经销商的预期利润随着 t 的提高而增加，并且需求预测精度 t 不影响制造商的预期利润。

无信息共享时的经销商再制造模式（模型 D-R）

在模型 D-R 中，制造商和经销商之间没有信息共享。供应链成员的最优预期利润为

$$\underset{p,r}{Max}E(\Pi_D^{D-R}) = E((p-w)(D(p)-G(r)) + (p-c_d-r-F)G(r) \mid f)$$

$$= E((p-w)D(p) + (w-c_n+s_2-r-F)G(r) \mid f)$$

$$(A4-5)$$

$$\underset{w}{Max}E(\Pi_M^{D-R}) = E((w - c_n)(D(p) - G(r)) + FG(r)) \quad (A4-6)$$

通过一阶求导，可以得出最优零售价格 $p^{D-R*} = (A + bw)/(2b)$。然而制造商的预期零售价格 $p^{D-R**} = (a_0 + bw)/(2b)$，这是因为制造商没有获得需求信息。最优价格在命题 A4.3 中给出。

命题 A4.3 在模型 D-R 中，最优策略为

$$w^{D-R*} = \frac{a_0 + (b + 2v)c_n + 2vF - vs_2 - u}{2(b + v)}$$

$$r^{D-R*} = \frac{va_0 - bvc_n - 2bvF + (2b + v)vs_2 - 2bu - 3uv}{4v(b + v)}$$

将以上参数重新代入式（A4-5）和式（A4-6），可得模型 D-R 的最优预期利润为

$$E(\Pi_D^{D-R*}) = \frac{[(b + 2v)(a_0 - bc_n) - 2bvF + bvs_2 + bu]^2}{16b(b + v)^2} +$$

$$\frac{kt}{4b} + \frac{[va_0 - bvc_n - 2bvF + (2b + v)(vs_2 + u)]^2}{16v(b + v)^2}$$

$$E(\Pi_M^{D-R*}) = \frac{(a_0 - bc_n - vs_2 - u)(a_0 - bc_n - vs_2 - u + 2vF)}{8(b + v)} +$$

$$\frac{[va_0 - bvc_n - 2bvF + (2b + v)(u + vs_2)]F}{4(b + v)}$$

由于 $E(\Pi_M^{D-R*})$ 的二阶偏导数满足 $\partial^2 E(\Pi_M^{D-R*})/F^2 = -bv/(b + v) < 0$，因此 $E(\Pi_M^{D-R*})$ 是关于 F 的严格凹函数。制造商利润最大化时，可得最优许可费为

$$F^{D-R*} = \frac{a_0 - bc_n}{2b} + \frac{vs_2 + u}{2v}$$

随后，将 F^{D-R*} 的值重新代入 w^{D-R*}、r^{D-R*}、$E(\Pi_D^{D-R*})$、$E(\Pi_M^{D-R*})$，可得最优批发价格、最优收购价格、供应链成员的最优预期利润为

$$w^{D-R*} = \frac{a_0 + bc_n}{2b}$$

$$r^{D-R*} = \frac{vs_2 - 3u}{4v}$$

$$E(\Pi_D^{D-R*}) = \frac{(a_0 - bc_n)^2 + 4kt}{16b} + \frac{(u + vs_2)^2}{16v}$$

$$E(\Pi_M^{D-R*}) = \frac{v(a_0 - bc_n)^2 + b(vs_2 + u)^2}{8bv}$$

根据均衡解可以得出以下结论：需求预测精度越高，经销商的预期利润就越高，批发价格、收购价格和制造商的预期利润与需求预测精度无关。

无信息共享时的第三方再制造模式（模型 T – R）

在模型 T – R 中，制造商和经销商之间没有信息共享，供应链成员的最优预期利润可以表示为

$$\underset{p}{Max}E(\Pi_D^{T-R}) = E((p - w)D(p) \mid f) \qquad (A4 - 7)$$

$$\underset{r}{Max}E(\Pi_T^{T-R}) = E((w - c_n + s_3 - r - F)G(r)) \qquad (A4 - 8)$$

$$\underset{w}{Max}E(\Pi_M^{T-R}) = E((w - c_n)(D(p) - G(r)) + FG(r)) \qquad (A4 - 9)$$

因此，通过一阶求导，最优零售价格 $p^{T-R*} = (A + bw)/(2b)$。由于制造商和第三方没有获得需求信息，因此制造商和第三方的预期零售价格 $p^{T-R**} = (a_0 + bw)/(2b)$。在命题 A4.4 中，采用逆向归纳法来解决上述问题。

命题 A4.4　在模型 T – R 中，最优批发价格和最优收购价格为

$$w^{T-R*} = \frac{a_0 + (b + 2v)c_n + 2vF - vs_3 - u}{2(b + v)}$$

$$r^{T-R*} = \frac{v(a_0 - bc_n) - 2bvF + (2b + v)vs_3 - 2bu - 3uv}{4v(b + v)}$$

将 p^{T-R*}、w^{T-R*} 和 r^{T-R*} 的值重新代入式（A4 – 7）~ 式（A4 – 9），可得供应链成员的最优预期利润为

$$E(\Pi_D^{T-R*}) = \frac{[(b + 2v)(a_0 - bc_n) - 2bvF + bvs_3 + bu]^2}{16b(b + v)^2} + \frac{kt}{4b}$$

$$E(\Pi_T^{T-R*}) = \frac{[v(a_0 - bc_n) - 2bvF + (2b + v)(vs_3 + u)]^2}{16v(b + v)^2}$$

$$E(\Pi_M^{T-R*}) = \frac{(a_0 - bc_n - vs_3 - u)(a_0 - bc_n - vs_3 - u + 2vF)}{8(b+v)} +$$

$$\frac{[va_0 - bvc_n - 2bvF + (2b+v)(u+vs_3)]F}{4(b+v)}$$

给定 F 为制造商做出决策时，$E(\Pi_M^{T-R*})$ 关于许可费 F 的二阶偏导数小于 0，即 $\partial^2 E(\Pi_M^{T-R*})/F^2 = -4bv/4(b+v) < 0$。然后通过一阶求导，可得最优许可费为

$$F^{T-R*} = \frac{a_0 - bc_n}{2b} + \frac{vs_3 + u}{2v}$$

然后，将 F^{T-R*} 重新代入 w^{T-R*}、r^{T-R*}、$E(\Pi_D^{T-R*})$、$E(\Pi_T^{T-R*})$、$E(\Pi_M^{T-R*})$，最优解可简化为

$$w^{T-R*} = \frac{a_0 + bc_n}{2b}$$

$$r^{T-R*} = \frac{vs_3 - 3u}{4v}$$

$$E(\Pi_D^{T-R*}) = \frac{(a_0 - bc_n)^2 + 4kt}{16b}$$

$$E(\Pi_T^{T-R*}) = \frac{(u + vs_3)^2}{16v}$$

$$E(\Pi_M^{T-R*}) = \frac{v(a_0 - bc_n)^2 + b(vs_3 + u)^2}{8bv}$$

模型 T-R 的大部分结论与模型 D-R 的类似，经销商的预期利润随需求预测精度 t 的提高而增加，然而供应链其他成员的预期利润与 t 无关。此外，收购价格与单位节约成本 s_3 成正比，这表明第三方在 s_3 提高时更有动力负责再制造活动。

命题 4.1 证明：

取 $E(\Pi_D^{N-R-S})$ 关于 p 的二阶偏导数，可得 $\partial^2 E(\Pi_D^{N-R-S})/\partial p^2 = -2b < 0$，因此 $E(\Pi_D^{N-R-S})$ 是关于 p 的凹函数。最优定价策略可由下式得出：

$\partial E(\Pi_D^{N-R-S})/\partial p = A + bw - 2bp = 0$。此外，由于在模型 N – R – S 中经销商与制造商共享信息，因此取 $E(\Pi_M^{N-R-S})$ 关于 w 的二阶偏导数，可得 $\partial^2 E(\Pi_M^{N-R-S})/\partial w^2 = -2b < 0$。因此，$E(\Pi_M^{N-R-S})$ 是关于 w 的严格凹函数。然后取 $E(\Pi_M^{N-R-S})$ 关于 w 的一阶偏导数，并令偏导数为 0，可得 $\partial E(\Pi_M^{N-R-S})/\partial w = A + bc_n - 2bw = 0$。

命题 4.2 证明：

$E(\Pi_D^{O-R-S})$ 关于 p 的二阶偏导数 $\partial^2 E(\Pi_D^{O-R-S})/\partial p^2 = -2b < 0$，因此 $E(\Pi_D^{O-R-S})$ 是关于 p 的凹函数。$E(\Pi_D^{O-R-S})$ 的一阶偏导数可由下式得出：$\partial E(\Pi_D^{O-R-S})/\partial p = A + bw - 2bp = 0$。随后，在模型 O – R – S 中当制造商收到来自经销商的需求信息时，分别取 $E(\Pi_M^{O-R-S})$ 关于 w 和 r 的二阶偏导数，可得到以下海塞矩阵：

$$H_M^{O-R-S} = \begin{bmatrix} \partial^2 E(\Pi_M^{O-R-S})/\partial w^2 & \partial^2 E(\Pi_M^{O-R-S})/\partial w \partial r \\ \partial^2 E(\Pi_M^{O-R-S})/\partial r \partial w & \partial^2 E(\Pi_M^{O-R-S})/\partial r^2 \end{bmatrix} = \begin{bmatrix} -2b & 0 \\ 0 & -2v \end{bmatrix}$$

因为 $\partial^2 E(\Pi_M^{O-R-S})/\partial w^2 = -2b < 0$，$|H_M^{O-R-S}| = 4bv > 0$，因此 $E(\Pi_M^{O-R-S})$ 是关于 w 和 r 的联合凹函数。然后，分别求得 $E(\Pi_M^{O-R-S})$ 关于 w 和 r 的一阶偏导数为

$$\begin{cases} \dfrac{\partial E(\Pi_M^{O-R-S})}{\partial w} = A + bc_n - 2bw = 0 \\[2mm] \dfrac{\partial E(\Pi_M^{O-R-S})}{\partial r} = vs_1 - u - 2vr = 0 \end{cases}$$

命题 4.3 证明：

分别取 $E(\Pi_D^{D-R-S})$ 关于 p 和 r 的二阶偏导数，可得到以下海塞矩阵：

$$H_D^{D-R} = \begin{bmatrix} \partial^2 E(\Pi_D^{D-R-S})/\partial p^2 & \partial^2 E(\Pi_D^{D-R-S})/\partial p \partial r \\ \partial^2 E(\Pi_D^{D-R-S})/\partial r \partial p & \partial^2 E(\Pi_D^{D-R-S})/\partial r^2 \end{bmatrix} = \begin{bmatrix} -2b & 0 \\ 0 & -2v \end{bmatrix}$$

可以发现，$E(\Pi_D^{D-R-S})$ 是关于 p 和 r 的严格凹函数。分别取 $E(\Pi_D^{D-R-S})$ 关于 p 和 r 的一阶偏导数，并且令导数为 0，可得

$$\begin{cases} \dfrac{\partial E(\varPi_D^{D-R-S})}{\partial p} = A + bw - 2bp = 0 \\[2mm] \dfrac{\partial E(\varPi_D^{D-R-S})}{\partial r} = v(w - c_n + s_2 - F) - u - 2vr = 0 \end{cases}$$

然后，因为在模型 D – R – S 中制造商从经销商处获得需求信息，$E(\varPi_M^{D-R-S})$ 关于 w 的二阶偏导数 $\partial^2 E(\varPi_M^{D-R-S})/\partial w^2 = -2(b+v) < 0$，因此 $E(\varPi_M^{D-R-S})$ 是关于 w 的凹函数。最优价格策略可由下式求解：

$$\partial E(\varPi_M^{D-R})/\partial w = A + (b + 2v)c_n + 2vF - vs_2 - 2(b+v)w = 0$$

命题 4.4 证明：

$E(\varPi_D^{T-R-S})$ 关于 p 的二阶偏导数 $\partial^2 E(\varPi_D^{T-R-S})/\partial p^2 = -2b < 0$，因此 $E(\varPi_D^{T-R-S})$ 是关于 p 的凹函数，并且它关于最优价格策略的一阶偏导数可由下式求解：

$$\partial E(\varPi_D^{T-R-S})/\partial p = A + bw - 2bp = 0$$

此外，取 $E(\varPi_T^{T-R-S})$ 关于 r 的二阶偏导数，可得 $\partial^2 E(\varPi_T^{T-R-S})/\partial r^2 = -2v < 0$，因此 $E(\varPi_T^{T-R-S})$ 是关于 r 的凹函数。

最优价格策略可由下式求解：

$$\partial E(\varPi_T^{T-R-S})/\partial r = v(w - c_n + s_3 - F) - u - 2vr = 0$$

随后，因为在模型 T – R – S 中经销商向制造商披露需求信息，因此取 $E(\varPi_M^{T-R-S})$ 关于 w 的二阶偏导数，可得 $\partial^2 E(\varPi_M^{T-R-S})/\partial w^2 = -2(b+v) < 0$，因此 $E(\varPi_M^{T-R-S})$ 是 w 的凹函数。最优价格策略可由下式求解：

$$\partial E(\varPi_M^{T-R-S})/\partial w = A + (b + 2v)c_n + 2vF - vs_3 - 2(b+v)w = 0$$

推论 4.1 证明：

因为 $w^{N-R*} = (a_0 + bc_n)/(2b)$，$w^{O-R*} = (a_0 + bc_n)/(2b)$，因此 $w^{N-R*} = w^{O-R*}$。此外，通过下式可以证得 $w^{O-R-S*} > w^{D-R-S*}$：

$$\frac{w^{O-R-S*}}{w^{D-R-S*}} = \frac{(A + bc_n)(b+v)}{bA + va_0 + (b+v)bc_n} > 1$$

上式可进一步简化为 $A(b+v) > bA + va_0$。因此可以得出如果 $A > a_0$，那

么 $w^{O-R-S*} > w^{D-R-S*}$。又因为 $p = (A + bw)/(2b)$，因此零售价格之间的大小关系比较证明与上述类似。

推论 4.2 证明：

如果 $s_2 > 2s_1 + \dfrac{u}{v}$，可得 $\dfrac{r^{D-R*}}{r^{O-R*}} = \dfrac{vs_2 - 3u}{2(vs_1 - u)} > 1$。

上式化简后可得 $vs_2 - u > 2vs_1$。因此，$r^{D-R*} > r^{O-R*}$。并且如果还满足 $s_2 > 2s_1 + \dfrac{u}{v} - \dfrac{A - a_0}{b + v}$，可得

$$\frac{r^{D-R-S*}}{r^{O-R-S*}} = \frac{vA - va_0 + (b + v)(vs_2 - 3u)}{2(vs_1 - u)(b + v)} > 1$$

上式化简后可得 $vA - va_0 + (b + v)vs_2 - u(b + v) > 2v(b + v)s_1$。因此，$r^{D-R-S*} > r^{O-R-S*}$。

类似地，可得 $r^{T-R*} > r^{O-R*}$，$r^{T-R-S*} > r^{O-R-S*}$。由于 $G = u + vr$，供给量 G 之间的大小关系比较证明也与上述类似。

推论 4.3 证明：

推论 4.3 的证明与推论 4.2 类似。

推论 4.4 证明：

因为 $E(\Pi_D^{D-R*}) - E(\Pi_D^{T-R*}) = \dfrac{(a_0 - bc_n)^2 + 4kt}{16b} + \dfrac{(u + vs_2)^2}{16v} - \dfrac{(a_0 - bc_n)^2 + 4kt}{16b} > 0$，$E(\Pi_D^{T-R-S*}) - E(\Pi_D^{O-R-S*}) = \dfrac{(b + 2v)^2kt - (b + v)^2kt}{16b(b + v)^2} > 0$，可得 $E(\Pi_D^{D-R*}) > E(\Pi_D^{T-R*})$，$E(\Pi_D^{T-R-S*}) > E(\Pi_D^{O-R-S*})$。

推论 4.5 证明：

（1）如果下式成立，可证明 $E(\Pi_M^{D-R*}) > E(\Pi_M^{O-R*})$：

$$E(\Pi_M^{D-R*}) - E(\Pi_M^{O-R*}) = \frac{(vs_2 + u)^2}{8v} - \frac{(u + vs_1)^2}{4v} > 0$$

上式可简化为 $(vs_2 + u)^2 > 2(vs_1 + u)^2$。然后如果同时满足 $s_2 > \sqrt{2}s_1 +$

$\dfrac{(\sqrt{2}-1)u}{v}$，可得 $E(\Pi_M^{D-R*}) > E(\Pi_M^{O-R*})$。

（2）如果下式成立，可证明 $E(\Pi_M^{D-R-S*}) > E(\Pi_M^{O-R-S*})$：

$$E(\Pi_M^{D-R-S*}) - E(\Pi_M^{O-R-S*}) = \frac{(vs_2+u)^2}{8v} + \frac{kt}{8(b+v)} - \frac{(u+vs_1)^2}{4v} - \frac{kt}{8b} > 0$$

可得如果 $s_2 > \dfrac{\sqrt{2(vs_1+u)^2 + \dfrac{v^2kt}{b(b+v)}} - u}{v}$ 成立，则 $E(\Pi_M^{D-R-S*}) > E(\Pi_M^{O-R-S*})$。

推论 4.6 证明：

如果满足 $A > a_0$，可得

$$w^{N-R-S*} - w^{N-R*} = \frac{A-a_0}{2b} > 0$$

即可得 $w^{N-R-S*} > w^{N-R*}$。

类似地，可得 $w^{O-R-S*} > w^{O-R*}$，$w^{D-R-S*} > w^{D-R*}$，$w^{T-R-S*} > w^{T-R*}$。

推论 4.7 和推论 4.8 证明：

推论 4.7 和推论 4.8 的证明与推论 4.6 类似。

推论 4.9 证明：

根据以下等式

$$\Delta E(\Pi_D^{N-R*}) = E(\Pi_D^{N-R-S*}) - E(\Pi_D^{N-R*}) = -\frac{3kt}{16b} < 0$$

$$\Delta E(\Pi_D^{O-R*}) = E(\Pi_D^{O-R-S*}) - E(\Pi_D^{O-R*}) = -\frac{3kt}{16b} < 0$$

$$\Delta E(\Pi_D^{D-R*}) = E(\Pi_D^{D-R-S*}) - E(\Pi_D^{D-R*}) = -\frac{3kt}{16(b+v)} < 0$$

$$\Delta E(\Pi_D^{T-R*}) = E(\Pi_D^{T-R-S*}) - E(\Pi_D^{T-R*}) = -\frac{b(3b+4v)kt}{16b(b+v)^2} < 0$$

可得 $\Delta E(\Pi_D^{N-R*}) = \Delta E(\Pi_D^{O-R*}) < \Delta E(\Pi_D^{T-R*}) < \Delta E(\Pi_D^{D-R*}) < 0$。

推论 4.10 证明：

推论 4.10 的证明与推论 4.9 类似。

附录 3　第 5 章相关内容

命题 5.1 证明：

由于 $E(\Pi_R^{M-N-N})$ 关于 q_r 的二阶偏导数 $\partial^2 E(\Pi_R^{M-N-N})/\partial q_r^2 = -2 < 0$，因此 $E(\Pi_R^{M-N-N})$ 是 q_r 的凹函数。零售渠道的最优销量为

$$\partial^2 E(\Pi_R^{M-N-N})/\partial q_r^2 = A - w - 2q_r = 0$$

然后取 $E(\Pi_M^{M-N-N})$ 关于 w 和 r 的二阶偏导数，海塞矩阵可表示为

$$H_M^{M-N-N} = \begin{bmatrix} \partial^2 E(\Pi_M^{M-N-N})/\partial w^2 & \partial^2 E(\Pi_M^{M-N-N})/\partial w \partial r \\ \partial^2 E(\Pi_M^{M-N-N})/\partial r \partial w & \partial^2 E(\Pi_M^{M-N-N})/\partial r^2 \end{bmatrix} = \begin{bmatrix} -1 & 0 \\ 0 & -2v \end{bmatrix}$$

因此，$E(\Pi_M^{M-N-N})$ 是 w 和 r 的凹函数。$E(\Pi_M^{M-N-N})$ 关于 w 和 r 的一阶偏导数为

$$\begin{cases} \dfrac{\partial E(\Pi_M^{M-N-N})}{\partial w} = \dfrac{1}{2}(a_0 - 2w + c_n) = 0 \\[2mm] \dfrac{\partial E(\Pi_M^{M-N-N})}{\partial r} = vs_1 - u - 2vr = 0 \end{cases}$$

命题 5.2 和命题 5.3 证明：

命题 5.2 和命题 5.3 的证明与命题 5.1 相似。

命题 5.4 证明：

$E(\Pi_R^{M-E-S})$ 关于 q_r 的二阶偏导数 $\partial^2 E(\Pi_R^{M-E-S})/\partial q_r^2 = -2 < 0$。$E(\Pi_R^{M-E-S})$ 关于 q_r 的一阶偏导数可由 $\partial^2 E(\Pi_R^{M-E-S})/\partial q_r^2 = A - w - bq_m - 2q_r = 0$ 求得。

对 $E(\Pi_M^{M-E-S})$ 关于 w、r 和 q_m 的二阶偏导数进行运算，可以得到海塞矩阵为

$$H_M^{M-E-S} = \begin{bmatrix} -1 & 0 & 0 \\ 0 & -2v & 0 \\ 0 & 0 & -2(2-b^2) \end{bmatrix} = -4v(2-b^2) < 0$$

因此，$E(\Pi_M^{M-E-S})$ 是 w、r 和 q_m 的严格凹函数，最优价格策略为

$$\begin{cases} \dfrac{\partial E(\Pi_M^{M-E-S})}{\partial w} = \dfrac{1}{2}(A - 2w + c_n) = 0 \\[2mm] \dfrac{\partial E(\Pi_M^{M-E-S})}{\partial r} = vs_1 - u - 2vr = 0 \\[2mm] \dfrac{\partial E(\Pi_M^{M-E-S})}{\partial q_m} = \dfrac{1}{2}\big[(2-b)(A-c_n) - 2(2-b^2)q_m - 2C_d\big] = 0 \end{cases}$$

命题 5.5 证明：

$E(\Pi_R^{T-N-N})$ 关于 q_r 的二阶偏导数 $\partial^2 E(\Pi_R^{T-N-N})/\partial q_r^2 = -2 < 0$，并且 $E(\Pi_R^{T-N-N})$ 是 q_r 的凹函数。零售商预期利润的一阶偏导数为

$$\partial E(\Pi_R^{T-N-N})/\partial q_r = A - w - 2q_r = 0$$

然后求 $E(\Pi_T^{T-N-N})$ 关于 r 的二阶偏导数，可以得到 $\partial^2 E(\Pi_T^{T-N-N})/\partial r^2 = -2v < 0$。因此，$E(\Pi_T^{T-N-N})$ 是 r 的凹函数。$E(\Pi_T^{T-N-N})$ 的一阶偏导数为

$$\partial E(\Pi_T^{T-N-N})/\partial r = vs_2 + vw - 2vr - vF - u = 0$$

由于零售商没有透露其私人需求信息，因此零售渠道的预期销量 $q_r^{T-N-N**} = (a_0 - w)/2$。随后，由于 $E(\Pi_M^{T-N-N})$ 的二阶偏导数满足，那么 $E(\Pi_M^{T-N-N})$ 是 w 的凹函数。最优价格策略为

$$\partial E(\Pi_M^{T-N-N})/\partial w = [a_0 + vc_n - 2(1+v)w + 2vF - vs_2 - u]/2 = 0$$

命题 5.6 和命题 5.7 证明：

命题 5.6 和命题 5.7 的证明与命题 5.5 相似。

命题 5.8 证明：

可以得到 $E(\Pi_R^{T-E-S})$ 关于 q_r 的二阶偏导数 $\partial^2 E(\Pi_R^{T-E-S})/\partial q_r^2 = -2 < 0$，

因此 $E(\Pi_R^{T-E-S})$ 是关于 q_r 的凹函数，$E(\Pi_R^{T-E-S})$ 的一阶偏导数为

$$\partial E(\Pi_R^{T-E-S})/\partial q_r = A - w - bq_m - 2q_r = 0$$

由于第三方利润关于 r 的二阶偏导数 $\partial^2 E(\Pi_T^{T-E-S})/\partial r^2 = -2v < 0$，那么 $E(\Pi_T^{T-E-S})$ 是 r 的凹函数。因此，最优价格策略为 $\partial E(\Pi_T^{T-E-S})/\partial r = vw + vs_2 - vF - 2vr - u - vc_n = 0$。

求制造商利润关于 w 和 q_m 的二阶偏导数，可得海塞矩阵为

$$H_M^{T-E-S} = \begin{bmatrix} \partial^2 E(\Pi_M^{T-E-S})/\partial w^2 & \partial^2 E(\Pi_M^{T-E-S})/\partial w \partial q_m \\ \partial^2 E(\Pi_M^{T-E-S})/\partial q_m \partial w & \partial^2 E(\Pi_M^{T-E-S})/\partial q_m^2 \end{bmatrix}$$

$$= \begin{bmatrix} -2(1+v) & 0 \\ 0 & -2(2-b^2) \end{bmatrix}$$

因此，$E(\Pi_M^{T-E-S})$ 是 w 和 q_m 的共同凹函数，最优价格策略如下：

$$\begin{cases} \dfrac{\partial E(\Pi_M^{M-E-S})}{\partial w} = \dfrac{1}{2}\big[A - 2(1+v)w + (1+2v)c_n - bq_m + 2vF\big] = 0 \\[2mm] \dfrac{\partial E(\Pi_M^{M-E-S})}{\partial q_m} = \dfrac{1}{2}\big[(2-b)(A-c_n) - 2(2-b^2)q_m - 2C_d\big] = 0 \end{cases}$$

推论 5.1 证明：

因为 $r^{T-N-N*} - r^{M-N-N*} = \dfrac{vs_2 - 3u}{4v} - \dfrac{vs_1 - u}{2v} = \dfrac{vs_2 - 2u - 2vs_1}{4v} > 0$，可以得到如果 $s_2 > (2vs_1 + u)/v$，那么 $r^{T-N-N*} > r^{M-N-N*}$。此外，由于 $G = u + vr$ 成立，可以得到 $G^{T-N-N*} > G^{M-N-N*}$。

同样地，其他模型中废旧产品收购价格和供应量关系的证明也是类似的。

推论 5.2 证明：

推论 5.2 的证明与推论 5.1 类似。

推论 5.3 证明：

如果 $C_d > (2-b)(a_0 - c_n)/2$ 成立，那么，

$$E(\Pi_R^{M-E-N*}) - E(\Pi_R^{M-N-N*})$$

$$= \frac{[(1-b)(a_0 - c_n) + bC_d]^2}{4(2 - b^2)^2} + \frac{kt}{4} - \frac{(a_0 - c_n)^2 + 4kt}{16}$$

$$= \frac{[2bC_d - b(2 - b)(a_0 - c_n)][(4 - 2b - b^2)(a_0 - c_n) + 2bC_d]}{16(2 - b^2)^2} > 0$$

因此如果满足 $C_d > (2 - b)(a_0 - c_n)/2$，就可以得到 $E(\Pi_R^{M-E-N*}) > E(\Pi_R^{M-N-N*})$。

同样地，其他模型中制造商利润的关系证明也是类似的。

推论 5.4 证明：

推论 5.4 的证明与推论 5.3 类似。

附录 4　第 6 章相关内容

命题 6.1 证明：

计算 $E(\Pi_{1R}^N)$ 关于 q_1 的二阶偏导数，可得 $\partial^2 E(\Pi_{1R}^N)/\partial q_1^2 = -2b < 0$，因此目标函数是关于销量 q_1 的凹函数。随后计算 $E(\Pi_{1R}^N)$ 关于 q_1 的一阶偏导数，可得 $\partial E(\Pi_{1R}^N)/\partial q_1 = A - 2bq_1 - w_1 = 0$。

由于模型 N 中不存在信息共享，所以原始设备制造商在第一周期的预期销量 $q_1^{N**} = (a_0 - w_1)/(2b)$。计算 $E(\Pi_{1M}^N)$ 关于 w_1 的二阶偏导数，可得 $\partial^2 E(\Pi_{1M}^N)/\partial w_1^2 = -1/b < 0$，因此目标函数是关于 w_1 的凹函数。均衡价格策略可由 $\partial E(\Pi_{1M}^N)/\partial w_1 = (a_0 - 2w_1 - c_{n1})/(2b) = 0$ 求得。

命题 6.2 证明：

$E(\Pi_{2R}^N)$ 关于 q_2 的二阶偏导数为负，即 $\partial^2 E(\Pi_{2R}^N)/\partial q_2^2 = -2b < 0$，因此目标函数是关于 q_2 的凹函数。此外，$E(\Pi_{2R}^N)$ 关于 q_2 的一阶偏导数为

$\partial E(\Pi_{2R}^N)/\partial q_2 = A - 2bq_2 - w_2 = 0_。$

由于零售商没有与原始设备制造商共享需求信息，因此原始设备制造商在第二周期的预期销量 $q_2^{N**} = (a_0 - w_2)/(2b)$。计算 $E(\Pi_{2M}^N)$ 关于 w_2 的二阶偏导数，可得 $\partial^2 E(\Pi_{2M}^N)/\partial w_2^2 = -1/b < 0$，因此 $E(\Pi_{2M}^N)$ 是关于 w_2 的凹函数。$E(\Pi_{2M}^N)$ 关于 w_2 的一阶偏导数 $\partial E(\Pi_{2M}^N)/\partial w_2 = [a - 2w_2 + c_{n1} - \lambda(2A - a_0 - c_{n1})/4b]/(2b) = 0$。

命题6.3、命题6.4、命题6.5、命题6.6和命题6.7证明：

命题6.3、命题6.4、命题6.5、命题6.6和命题6.7的证明与命题6.2类似。

命题6.8证明：

计算 $E(\Pi_{2R}^{MS})$ 关于 q_2 的二阶偏导数，可得 $\partial^2 E(\Pi_{2R}^{MS})/\partial q_2^2 = -2b < 0$。因此，目标函数关于 q_2 是严格凹函数。均衡等价决策可由 $\partial E(\Pi_{2R}^{MS})/\partial q_2 = A - 2bq_2 - w_2 = 0$ 求得。

随后，计算 $E(\Pi_{2M}^{MS})$ 关于 w_2 和 r 的二阶偏导数，可得海塞矩阵为

$$H_{2M}^M = \begin{bmatrix} \partial^2 E(\Pi_{2M}^{MS})/\partial w_2^2 & \partial^2 E(\Pi_{2M}^{MS})/\partial w_2 \partial r \\ \partial^2 E(\Pi_{2M}^{MS})/\partial r \partial w_2 & \partial^2 E(\Pi_{2M}^{MS})/\partial r^2 \end{bmatrix} = \begin{bmatrix} -1/b & 0 \\ 0 & -2v \end{bmatrix} > 0$$

观察可得，目标函数是关于 w_2 和 r 的凹函数。然后计算 $E(\Pi_{2M}^{MS})$ 关于 w_2 和 r 的一阶偏导数，并假设偏导数为0，可得

$$\begin{cases} \dfrac{\partial E(\Pi_{2M}^{MS})}{\partial w_2} = \dfrac{1}{2b}\left(A - 2w_2 + c_{n1} - \lambda \dfrac{A - c_{n1}}{4b}\right) = 0 \\ \dfrac{\partial E(\Pi_{2M}^{MS})}{\partial r} = v\left(c_{n1} - \lambda \dfrac{A - c_{n1}}{4b} - 2r - c_r\right) - u = 0 \end{cases}$$

命题6.9、命题6.10、命题6.11和命题6.12证明：
命题6.9、命题6.10、命题6.11和命题6.12的证明与命题6.8类似。

推论 6.1 证明：

当 $A > a_0$ 时，可得

$$w_1^{NS*} - w_1^{N*} = \frac{A + c_{n1}}{2} - \frac{a_0 + c_{n1}}{2} > 0$$

$$q_1^{NS*} - q_1^{N*} = \frac{A - c_{n1}}{4b} - \frac{2A - a_0 - c_{n1}}{4b} < 0$$

类似地，可证 $w_1^{MS*} > w_1^{M*}$，$q_1^{MS*} < q_1^{M*}$，$w_1^{TS*} > w_1^{T*}$，$q_1^{TS*} < q_1^{T*}$。

推论 6.2、推论 6.3 和推论 6.4 证明：

推论 6.2、推论 6.3 和推论 6.4 的证明与推论 6.1 类似。

推论 6.5 证明：

要令 $E(\Pi_{2M}^{NS*}) > E(\Pi_{2M}^{N*})$，需要满足

$$E(\Pi_{2M}^{NS*}) - E(\Pi_{2M}^{N*})$$

$$= \frac{(4b + \lambda)^2 [k\delta + (a_0 - c_{n1})^2]}{128b^3} - \frac{4\lambda(4b + \lambda)k\delta + (4b + \lambda)^2(a_0 - c_{n1})^2}{128b^3}$$

$$= \frac{(4b + \lambda)^2 [k\delta + (a_0 - c_{n1})^2] - 4\lambda(4b + \lambda)k\delta + (4b + \lambda)^2(a_0 - c_{n1})^2}{128b^3}$$

$$= \frac{4b - 3\lambda}{128b^3} > 0$$

因此，当 $\lambda < 4b/3$ 成立时，可得 $E(\Pi_{2M}^{NS*}) > E(\Pi_{2M}^{N*})$。

类似地，其他再制造模式下有/无信息共享时原始设备制造商的利润关系可证。

推论 6.6、推论 6.7、推论 6.8、推论 6.9 和推论 6.10 证明：

推论 6.6、推论 6.7、推论 6.8、推论 6.9 和推论 6.10 的证明与推论 6.5 类似。

附录 5　第 7 章相关内容

命题 7.1 证明：

给定式（7-1）和式（7-2），然后在决策顺序的第一阶段评估平衡可回收性选择，得到 $\dfrac{\partial^2 \Pi_b^N}{\partial P_b^2} = -2\theta < 0$，然后只需要计算线下门店利润目标函数的海塞矩阵，该矩阵表示为 $H = \begin{bmatrix} -2\theta & -\lambda \\ -\lambda & -k \end{bmatrix}$，一阶主子式 $-2\theta < 0$。可以推断，当二阶主子式 $\theta k - \lambda^2 > 0$ 时，线下门店的利润是 P_a 和 e 的严格凹函数，因此，它有最大值。

引理 7.1 证明：

将 P_a、P_b、e 代入式（7-1）和式（7-2），可以推断出：

$$P_a^N = \frac{3\theta P_m - \alpha(1 + \varphi) - 2\lambda e}{3\theta}$$

$$P_b^N = \frac{3\theta P_m + \alpha(\varphi - 2) - \lambda e}{3\theta}$$

$$e^N = \frac{\lambda(P_m - P_a)}{k}$$

由此可以推导出隐私信息保护的最优水平：

$$e^{N*} = \frac{\lambda\alpha(1 + \varphi)}{3\theta k - 2\lambda^2}$$

然后，将上式代入式（7-1）和式（7-2），得到引理 7.1。

引理 7.2、引理 7.3 和引理 7.4 证明：

引理 7.2、引理 7.3 和引理 7.4 的证明与引理 7.1 的证明相似。

命题 7.2 证明：

分别分析引理 7.1、引理 7.2、引理 7.3 和引理 7.4，很容易得到：

$$e^{L*} - e^{N*} = \frac{\lambda\alpha\rho[\theta k(2-\varphi) + \lambda^2(\varphi-1)]}{[\theta k(\rho-3) - \lambda^2(\rho-2)](3\theta k - 2\lambda^2)} < 0$$

$$e^{F*} - e^{N*} = \frac{\lambda\alpha(1+\varphi)[\rho\theta k - \lambda^2(\rho-1)^2]}{[\theta k(3-\rho) + \lambda^2(\rho^2-2\rho-1)](3\theta k - 2\lambda^2)} > 0$$

因此 $e^{L*} < e^{N*} < e^{F*}$。

$e^{Y*} - e^{N*} = \frac{\lambda\alpha(\rho-1)[(\rho+1)\varphi - \lambda^2(\rho+1)(1+\varphi) - (2\rho-1) + 2\theta k(1+\varphi)] - \lambda\theta P_m}{(3\theta k - 2\lambda^2)(\rho-1)[(\rho+1)\lambda^2 - 2\theta k]}$，因此，

当 $0 < \frac{(1+\varphi)(-2\theta k + \lambda^2 - 1)}{-\lambda^2(1+\varphi) - (2-\varphi)} < \rho$ 时，$e^Y - e^N > 0$；当

$\frac{(1+\varphi)(-2\theta k + \lambda^2 - 1)}{-\lambda^2(1+\varphi) - (2-\varphi)} < \rho < 1$ 时，$e^Y - e^N < 0$。

命题 7.3 证明：

$$P_a^{L*} - P_a^{N*} = \frac{\alpha\Delta_{21}[(1-\varphi)(1-\rho)(3\theta k - 2\lambda^2) + \theta k(1+\varphi)(\rho-3)]}{\theta(\rho-3)[\theta k(\rho-3) - \lambda^2(\rho-2)](3\theta k - 2\lambda^2)} -$$

$$\frac{\alpha(\rho-2)(3\theta k - 2\lambda^2)[\varphi\theta k(\rho-3) + \lambda^2(\varphi-1+\rho-\rho\alpha)]}{\theta(\rho-3)[\theta k(\rho-3) - \lambda^2(\rho-2)](3\theta k - 2\lambda^2)}$$

当 $3\theta k - 2\lambda^2 > 0$ 时，得到 $P_a^{L*} - P_a^{N*} > 0$。

$$P_a^{F*} - P_a^{L*} = \frac{\alpha(\rho-1)\{(1-\varphi)\Delta_{21} - (1+\varphi)[\theta k(3-\rho) + \lambda^2\rho(\rho-2)]\}}{\theta(\rho-3)[\theta k(\rho-3) - \lambda^2(\rho-2)][\theta k(3-\rho) + \lambda^2(\rho^2-2\rho-1)]} -$$

$$\frac{\alpha\Delta_{11}(\rho-2)[\varphi\theta k(\rho-3) + \lambda^2(\varphi-1+\rho-\rho\alpha)]}{\theta(\rho-3)[\theta k(\rho-3) - \lambda^2(\rho-2)][\theta k(3-\rho) + \lambda^2(\rho^2-2\rho-1)]}$$

同样地，当 $3\theta k - 2\lambda^2 > 0$ 时，得到 $P_a^{F*} - P_a^{L*} > 0$。

$$P_a^{Y*} - P_a^{N*} = \frac{\alpha[(\rho+1)\lambda^2 - 2\theta k][(\rho-1)(\rho-1-\varphi)(3\theta k - 2\lambda^2) + 2\theta k(1+\varphi)]}{2\theta(3\theta k - 2\lambda^2)[(\rho+1)\lambda^2 - 2\theta k]} +$$

$$\frac{\lambda^2(\rho-2)(3\theta k - 2\lambda^2)[\alpha\rho - \lambda(\varphi-2) + 3 - \theta P_m]}{2\theta(3\theta k - 2\lambda^2)[(\rho+1)\lambda^2 - 2\theta k]}$$

因为假设 $3\theta k - 2\lambda^2 > 0$，因此，当 $\frac{2\theta k - \lambda^2}{\lambda^2} < \rho < \frac{\lambda(\varphi-2) + 3 - \theta P_m}{\alpha}$

时，得到 $P_a^{Y*} < P_a^{N*}$，当 $0 < \rho < \frac{2\theta k - \lambda^2}{\lambda^2}$ 或 $\frac{\lambda(\varphi-2) + 3 - \theta P_m}{\alpha} < \rho < 1$ 时，

$P_a^{Y*} > P_a^{N*}$。

因此 $P_a^{F*} > P_a^{L*} > P_a^{N*}$。

然后 $\Delta_{11} = \theta k(3 - \rho) + \lambda^2(\rho^2 - 2\rho - 1)$，$\Delta_{21} = \theta k(\rho - 3) - \lambda^2(\rho - 2)$。

$$P_a^{N*} - P_b^{N*} = \frac{\alpha[\lambda^2(\varphi - 1) - \theta k(2\varphi - 1)]}{\theta(3\theta k - 2\lambda^2)}，\text{当 } P_a^N - P_b^N < 0 \text{ 时，} \varphi >$$

$\dfrac{\lambda^2 - \theta k}{\lambda^2 - 2\theta k}$。因此当 $\varphi > \dfrac{\lambda^2 - \theta k}{\lambda^2 - 2\theta k}$ 时，$P_a^N - P_b^N < 0$；否则，$P_a^N - P_b^N > 0$。

$$P_a^{F*} - P_b^{F*} = \frac{\alpha\{\theta k(3 - \rho)[\varphi(1 - \rho) + \alpha - 1] - \lambda^2(\rho^2 - 2\rho - 1)[\varphi(1 - \rho) + \alpha - 3 + 2\rho]\}}{\theta(\rho - 3)[\theta k(3 - \rho) + \lambda^2(\rho^2 - 2\rho - 1)]},$$

因为 α 远大于 3，因此 $(3 - \alpha - \rho)$ 远小于 0，那么可以得到 $P_a^F - P_b^F < 0$。

$$P_a^{L*} - P_b^{L*} = \frac{\alpha\{\varphi\theta k(\rho - 2)(\rho - 3) - (\rho - 1)[\theta k(\rho - 3) - \lambda^2(2 - 3\rho + \alpha\rho + \rho^2 - \rho\varphi)]\}}{\theta(\rho - 3)[\theta k(\rho - 3) - \lambda^2(\rho - 2)]},$$

类似于上面的证明，可以得到 $P_a^L - P_b^L < 0$。

$$P_a^{Y*} - P_b^{Y*} = \frac{\alpha(\rho - 1)(1 + \varphi)(\rho\lambda^2 - 2\theta k) - \lambda^2[\alpha\rho(\rho - 1)(\varphi - 2) - \theta P_m]}{2\theta(\rho - 1)^2[(\rho + 1)\lambda^2 - 2\theta k]}，\text{因}$$

为 $k > 1$，所以 $P_a^Y - P_b^Y < 0$。

命题 7.4 证明：

$$\Pi_a^{L*} - \Pi_a^{N*} = \frac{(3\theta k - 2\lambda^2)^2\{\alpha(2 - \rho)[\varphi\theta k(\rho - 3) + \lambda^2\rho(\varphi - 1) - \rho\alpha] - \alpha\Delta_{21}(1 - \varphi)(1 - \rho) + \lambda^2\alpha\theta(\rho - 3)(\rho - \varphi - 1)\}}{\Delta_{21}^2\theta^2(\rho - 3)^2(3\theta k - 2\lambda^2)^2} -$$

$$\frac{k\alpha^2(\varphi + 1)^2(\theta k - \dfrac{1}{2}\lambda^2)\Delta_{21}^2\theta^2(\rho - 3)^2}{\Delta_{21}^2\theta^2(\rho - 3)^2(3\theta k - 2\lambda^2)^2}，\Delta_{21} = \theta k(\rho - 3) - \lambda^2(\rho - 2)，\text{可以}$$

得出 $\Pi_a^{L*} - \Pi_a^{N*} < 0$，因此 $\Pi_a^{L*} < \Pi_a^{N*}$。

$$\Pi_a^{Y*} - \Pi_a^{N*} = \frac{\theta(3\theta k - 2\lambda^2)^2\{2\Delta_{31}(\rho - 1)^2[\theta P_m(5 - 2\rho) - \alpha(\rho - \varphi - 1)] - 2\Delta_{32}\lambda^2(\rho - 1)(\rho - 2) + \alpha\rho\Delta_{32}\}}{4\Delta_{31}^2\theta^2(\rho - 1)^2(3\theta k - 2\lambda^2)^2} -$$

$$\frac{4\theta^2\alpha^2 k\Delta_{31}^2(\rho - 1)^2(\varphi + 1)^2(\theta k - \dfrac{1}{2}\lambda^2)}{4\Delta_{31}^2\theta^2(\rho - 1)^2(3\theta k - 2\lambda^2)^2}，\Delta_{31} = (\rho + 1)\lambda^2 - 2\theta k，\Delta_{32} =$$

$\alpha(\rho - 1)[(\rho + 1)\varphi - 2\rho + 1] - \theta P_m$，可以得出，$\Pi_a^{Y*} - \Pi_a^{N*} > 0$，因此，

$\Pi_a^{Y*} > \Pi_a^{N*} > \Pi_a^{L*}$。

$$\Pi_a^{F*} - \Pi_a^{L*} = \frac{\Delta_{21}\alpha\theta\{\Delta_{11}(1-\varphi)(\rho-3) - [\theta k\Delta_{12}(3-\rho) - \Delta_{13}\lambda^2(\rho^2-2\rho-1)]\}}{\Delta_{11}^2\Delta_{21}^2\theta^2(\rho-3)^2} -$$

$$\frac{\alpha\Delta_{11}^2\theta^2(\rho-3)^2\{(\rho-2)[\varphi\theta k(\rho-3) + \lambda^2\rho(\varphi-1) - \rho\alpha] - \Delta_{21}(1-\varphi)(1-\rho)\}}{\Delta_{11}^2\Delta_{21}^2\theta^2(\rho-3)^2},$$

$\Delta_{11} = \theta k(3-\rho) + \lambda^2(\rho^2-2\rho-1)$, $\Delta_{12} = \varphi(1-\rho) + \alpha - 1$, $\Delta_{13} = \varphi(1-\rho) + \alpha - 3 + 2\rho$, $\Delta_{21} = \theta k(\rho-3) - \lambda^2(\rho-2)$。

为了评估 Π_a^{F*} 和 Π_a^{L*} 的大小，可以得出，当 $0 < \lambda < \sqrt{\frac{\theta k(\rho-3)}{\rho^2-2\rho-1}}$ 时，

$\Pi_a^{F*} > \Pi_a^{L*}$。当 $\sqrt{\frac{\theta k(\rho-3)}{\rho^2-2\rho-1}} < \lambda < 1$ 时，$\Pi_a^{F*} < \Pi_a^{L*}$。

线上平台利润规模的证明与线下门店利润规模的证明类似。

命题 7.5 证明：

$$\Pi_a^{CS*} - \Pi_a^{N*} = \frac{k\alpha^2(\varphi+1)^2(\theta k - \frac{1}{2}\lambda^2)[3\theta^2\mu - 4\lambda^2(\theta-1) - 4\mu\lambda^4]}{(3\theta k - 2\lambda^2)^2[3\theta(1-\mu)k - 2\lambda^2]^2} >$$

0，因此 $\Pi_a^{CS*} > \Pi_a^{N*}$。

$$\Pi_a^{Y*} - \Pi_a^{CS*} = \frac{\theta[3\theta(1-\mu)k - 2\lambda^2]^2\{2\Delta_{31}(\rho-1)[\theta P_m(5-2\rho) - \alpha(\rho-1-\varphi)] - 2\Delta_{32}\lambda^2(\rho-1)(\rho-2) + \alpha\rho\Delta_{32}\}}{4\Delta_{31}^2\theta^2(\rho-1)^2[3\theta(1-\mu)k - 2\lambda^2]^2} -$$

$$\frac{4\theta^2\alpha^2 k\Delta_{31}^2(1-\mu)(\rho-1)^2(\varphi+1)^2(\theta k - \frac{1}{2}\lambda^2)}{4\Delta_{31}^2\theta^2(\rho-1)^2[3\theta(1-\mu)k - 2\lambda^2]^2},$$ 因此，可以得出：当

$\sqrt{\frac{2\theta k}{\rho+1}} < \lambda < 1$ 时，$\Pi_a^{Y*} - \Pi_a^{CS*} < 0$，$\Pi_a^{Y*} < \Pi_a^{CS*}$；当 $0 < \lambda < \sqrt{\frac{2\theta k}{\rho+1}}$ 时，

$\Pi_a^{Y*} - \Pi_a^{CS*} > 0$，$\Pi_a^{Y*} > \Pi_a^{CS*}$。

在线平台的利润总额与利润总额的比较与上述结果相似。

$$\frac{\partial \Pi^{CS}}{\partial \mu} = \frac{2\alpha^2\theta k(2-\varphi)(\mu-1)[\theta k(2\varphi-1) - \lambda^2] + 36k\theta^2\lambda^2\{\alpha\theta k(1-\mu)[3(\varphi+1)^2\theta k - \frac{1}{2}\lambda^2 + \alpha\theta k(1-\mu)(2-\varphi)(2\varphi-1)]\}}{9\theta^2[3\theta(1-\mu)k - 2\lambda^2]^4},$$

很容易推断出 $\frac{\partial \Pi^{CS}}{\partial \mu} < 0$。

命题 7.6 证明：

$$\Pi_a^{RS*} - \Pi_a^{N*} = \frac{k\alpha^2(1+\varphi)^2\{(3\theta k - 2\lambda^2)^2(1-\sigma)[(3-\sigma)\theta k - \frac{1}{2}\lambda^2(1-\sigma)] - (\theta k - \frac{1}{2}\lambda^2)[(3-\sigma)\theta k - 2\lambda^2(1-\sigma)]^2\}}{(3\theta k - 2\lambda^2)^2[(3-\sigma)\theta k - 2\lambda^2(1-\sigma)]^2} > 0,$$

因此 $\Pi_a^{RS*} > \Pi_a^{N*}$。

$$\Pi_a^{RS*} - \Pi_a^{L*} = \frac{\theta k\alpha^2(1+\varphi)^2(1-\sigma)\Delta_{21}\theta^2(\rho-3)^2[(3-\sigma)\theta k - \frac{1}{2}\lambda^2(1-\sigma)]}{\Delta_{21}^2\theta^2(\rho-3)^2[(3-\sigma)\theta k - 2\lambda^2(1-\sigma)]^2} -$$

$$\frac{\alpha(\rho-2)[\varphi\theta k(\rho-3) + \lambda^2\rho(\varphi-1) - \rho\alpha][(3-\sigma)\theta k - 2\lambda^2(1-\sigma)]^2 + \alpha\Delta_{21}(1-\varphi)}{\Delta_{21}^2\theta^2(\rho-3)^2[(3-\sigma)\theta k - 2\lambda^2(1-\sigma)]^2},$$

$\Delta_{21} = \theta k(\rho-3) - \lambda^2(\rho-2)$，可以得出 $\Pi_a^{RS*} - \Pi_a^{L*} > 0$，$\Pi_a^{RS*} > \Pi_a^{L*}$。因此，结合上面的结论，推导出 $\Pi_a^{RS*} > \Pi_a^{N*} > \Pi_a^{L*}$。

$$\Pi_a^{RS*} - \Pi_a^{F*} = \frac{k\alpha^2(1+\varphi)^2(1-\sigma)\Delta_{11}^2\theta^2(\rho-3)^2[(3-\sigma)\theta k - \frac{1}{2}\lambda^2(1-\sigma)^2]}{\Delta_{11}^2\theta^2(\rho-3)^2\Delta_{41}^2} -$$

$$\frac{\Delta_{41}^2\{\Delta_{11}\alpha\theta(1-\varphi)(\rho-3) - \alpha\theta[\theta k(3-\rho)\Delta_{12} - \Delta_{13}\lambda^2(\rho^2-2\rho-1)]\}}{\Delta_{11}^2\theta^2(\rho-3)^2\Delta_{41}^2},$$

$\Delta_{11} = \theta k(3-\rho) + \lambda^2(\rho^2-2\rho-1)$，$\Delta_{12} = \varphi(1-\rho) + \alpha - 1$，$\Delta_{13} = \varphi(1-\rho) + \alpha - 3 + 2\rho$，$\Delta_{41} = (3-\sigma)\theta k - 2\lambda^2(1-\sigma)^2$。

可以得知，当 $\sqrt{\dfrac{\theta k(\rho-3)}{\rho^2-2\rho-1}} < \lambda < \sqrt{\dfrac{\theta k(\rho-3)[\varphi(1-\rho)+\alpha-1]}{(\rho^2-2\rho-1)[\varphi(1-\rho)+\alpha-3+2\rho]}}$

时，$\Pi_a^{RS*} - \Pi_a^{F*} > 0$，$\Pi_a^{RS*} > \Pi_a^{F*}$。当 $0 < \lambda < \sqrt{\dfrac{\theta k(\rho-3)}{\rho^2-2\rho-1}}$ 或

$\sqrt{\dfrac{\theta k(\rho-3)[\varphi(1-\rho)+\alpha-1]}{(\rho^2-2\rho-1)[\varphi(1-\rho)+\alpha-3+2\rho]}} < \lambda < 1$ 时，$\Pi_a^{RS*} < \Pi_a^{F*}$。

在线平台的利润总额与利润总额的比较与上述结果相似。

附表 7 – 1　模型 N 和模型 F 的敏感度分析

参数	取值范围/%	e^{N*}	P_a^{N*}	P_b^{N*}	Π_a^{N*}	Π_b^{N*}	e^{F*}	P_a^{F*}	P_b^{F*}	Π_a^{F*}	Π_b^{F*}
α	−30	2.21	72.35	76.17	−553.52	340.57	2.83	54.76	60.71	511.54	925.88
	−10	3.31	58.52	64.26	4.56	766.29	3.60	54.23	60.45	329.37	938.42
	0	3.68	53.91	60.29	240.20	946.041	4.05	53.91	60.29	240.20	946.04
	10	4.05	49.30	56.32	500.64	1144.71	4.46	53.55	60.11	152.38	954.62
	30	4.79	40.09	48.37	1095.94	1598.81	5.27	52.71	59.69	−18.89	974.91
k	−30	5.35	53.17	59.92	265.31	963.74	5.85	64.63	—	−34.04	655.41
	−10	4.11	53.72	60.19	246.62	950.56	4.51	64.81	—	−43.00	652.66
	0	3.68	53.91	60.29	240.20	946.04	4.05	64.87	—	−46.11	651.71
	10	3.34	54.07	60.36	235.00	942.37	3.67	64.92	—	−48.64	650.94
	30	2.81	54.30	60.48	227.07	936.80	3.10	65.00	—	−52.51	649.76
φ	−30	3.27	59.10	55.38	−23.14	1194.35	3.59	68.82	68.44	−248.66	907.80
	−10	3.54	55.64	58.65	148.93	1025.60	3.90	66.19	72.82	−116.31	733.15
	0	3.68	53.91	60.29	240.20	946.04	4.05	64.87	75.00	−46.11	651.71
	10	3.82	52.18	61.92	334.96	869.69	4.20	63.56	77.19	26.77	574.20
	30	4.10	48.73	65.19	534.94	726.63	4.51	60.92	81.57	180.58	430.96
θ	−30	5.35	33.11	42.74	807.58	1376.78	5.85	49.47	60.45	430.60	973.24
	−10	4.11	48.58	55.77	385.13	1056.18	4.51	60.90	71.23	77.53	735.72
	0	3.68	53.91	60.29	240.20	946.04	4.05	64.87	75.00	−46.11	651.71
	10	3.34	58.24	63.97	122.72	856.70	3.67	68.11	78.09	−147.51	582.32
	30	2.81	64.85	69.60	−56.09	720.61	3.10	73.08	82.84	−304.34	473.72
A	−30	—	—	—	540.20	—	—	—	—	253.883	—
	−10	—	—	—	340.20	—	—	—	—	53.88	—
	0	—	—	—	240.20	—	—	—	—	−46.11	—
	10	—	—	—	140.20	—	—	—	—	−146.11	—
	30	—	—	—	−59.79	—	—	—	—	−346.11	—

参数	取值范围/%	e^{N*}	P_a^{N*}	P_b^{N*}	Π_a^{N*}	Π_b^{N*}	e^{F*}	P_a^{F*}	P_b^{F*}	Π_a^{F*}	Π_b^{F*}
λ	-30	2.53	54.76	60.71	511.54	925.88	2.80	65.16	70.43	56.93	684.76
	-10	3.29	54.23	60.45	329.37	938.42	3.63	64.98	73.30	-7.71	667.12
	0	3.68	53.91	60.29	240.20	946.04	4.05	64.87	75.00	-46.11	651.71
	10	4.08	53.55	60.11	152.38	954.62	4.48	64.75	76.89	-88.56	630.40
	30	4.91	52.71	59.69	-18.90	974.91	5.36	64.47	81.19	-185.72	564.76
ρ	-30	—	—	—	—	—	3.91	61.62	74.56	-65.50	706.06
	-10	—	—	—	—	—	4.00	63.77	74.85	-51.97	670.13
	0	—	—	—	—	—	4.05	64.87	75.00	-46.11	651.71
	10	—	—	—	—	—	4.10	66.00	75.18	-40.88	633.00
	30	—	—	—	—	—	4.20	68.33	75.56	-32.44	594.69

附表 7-2 模型 L 和模型 Y 的敏感度分析

参数	取值范围/%	e^{L*}	P_a^{L*}	P_b^{L*}	Π_a^{L*}	Π_b^{L*}	e^{Y*}	P_a^{Y*}	P_b^{Y*}	Π_a^{Y*}	Π_b^{Y*}
α	-30	2.32	70.93	78.42	-506.74	569.95	5.78	62.40	68.05	-274.95	706.60
	-10	2.98	62.63	72.26	-184.61	942.17	6.32	51.57	58.88	212.46	1170.98
	0	3.32	58.48	69.17	6.64	1163.18	6.59	46.15	54.30	501.06	1446.92
	10	3.65	54.33	66.09	218.04	1407.45	6.86	40.74	49.71	819.59	1752.03
	30	4.31	46.02	59.93	701.23	1965.77	7.39	29.90	40.55	1546.43	2449.74
k	-30	4.81	57.85	68.92	25.13	1182.77	9.32	46.15	54.30	525.69	1446.92
	-10	3.70	58.32	69.11	11.37	1168.18	7.30	46.15	54.30	507.37	1446.92
	0	3.32	58.48	69.17	6.64	1163.18	6.59	46.15	54.30	501.06	1446.92
	10	3.00	58.61	69.23	2.81	1159.12	6.00	46.15	54.30	495.94	1446.92
	30	2.53	58.81	69.31	-3.03	1152.94	5.09	46.15	54.30	488.13	1446.92
φ	-30	2.86	64.23	65.36	-252.81	1468.48	6.06	53.65	46.80	298.14	1633.56
	-10	3.16	60.39	67.90	-84.12	1261.00	6.41	48.65	51.80	433.22	1509.14
	0	3.32	58.48	69.17	6.64	1163.18	6.59	46.15	54.30	501.06	1446.92
	10	3.47	56.56	70.44	101.71	1069.31	6.77	43.65	56.80	569.10	1384.71
	30	3.78	52.73	72.98	304.71	893.41	7.12	38.65	61.80	705.78	1260.28

续表

参数	取值范围/%	e^{L*}	P_a^{L*}	P_b^{L*}	Π_a^{L*}	Π_b^{L*}	e^{Y*}	P_a^{Y*}	P_b^{Y*}	Π_a^{Y*}	Π_b^{Y*}
θ	-30	4.81	39.79	55.60	464.47	1537.60	7.66	23.08	34.71	1139.80	1934.33
	-10	3.70	53.69	65.68	123.75	1259.04	6.87	40.17	49.22	665.29	1573.29
	0	3.32	58.48	69.17	6.64	1163.182	6.59	46.15	54.30	501.06	1446.92
	10	3.00	62.37	72.02	-88.35	1085.36	6.36	51.05	58.45	367.41	1343.53
	30	2.53	68.31	76.39	-233.10	966.69	6.00	58.58	64.84	163.07	1184.47
A	-30	—	—	—	306.64	—	—	—	—	901.06	—
	-10	—	—	—	106.64	—	—	—	—	601.06	—
	0	—	—	—	6.64	—	—	—	—	501.06	—
	10	—	—	—	-93.35	—	—	—	—	401.06	—
	30	—	—	—	-293.35	—	—	—	—	201.06	—
λ	-30	2.28	59.20	69.47	-14.52	1140.82	4.67	45.99	54.23	473.56	1452.73
	-10	2.96	58.75	69.29	-1.34	1154.73	5.96	46.09	54.27	490.73	1449.09
	0	3.32	58.48	69.17	6.64	1163.18	6.59	46.15	54.30	501.06	1446.92
	10	3.68	58.17	69.05	15.62	1172.68	7.21	46.22	54.32	512.60	1444.53
	30	4.42	57.46	68.75	36.73	1195.09	8.43	46.38	54.39	539.40	1439.08
ρ	-30	3.43	57.01	66.31	79.22	1188.95	7.25	42.38	50.55	564.15	1541.21
	-10	3.36	57.98	68.20	31.07	1172.41	6.80	44.89	53.05	522.33	1478.37
	0	3.32	58.48	69.17	6.64	1163.18	6.59	46.15	54.30	501.06	1446.92
	10	3.28	58.99	70.17	-18.01	1153.25	6.38	47.41	55.55	479.59	1415.46
	30	3.19	60.05	72.23	-68.04	1131.16	6.00	49.93	58.05	436.10	1352.47

附表 7 - 3　模型 N、模型 F、模型 L 和模型 Y 下 SW 的敏感度分析

参数	取值范围/%	SW^{N*}	SW^{F*}	SW^{L*}	SW^{Y*}
α	-30	263.98	439.62	708.69	1127.84
	-10	1843.96	1379.79	1824.58	2512.99
	0	2511.06	1938.01	2487.14	3333.34
	10	3248.39	2555.00	3219.44	4238.86
	30	4933.70	3965.25	4893.27	6305.45

参数	取值范围/%	SW^{N*}	SW^{F*}	SW^{L*}	SW^{Y*}
k	-30	2588.37	1991.28	2556.09	3416.05
	-10	2530.80	1951.66	2504.76	3354.70
	0	2511.06	1938.01	2487.14	3333.34
	10	2495.07	1926.93	2472.85	3315.89
	30	2470.75	1910.02	2451.10	3289.13
φ	-30	2487.50	1982.14	2523.55	3305.85
	-10	2496.50	1946.11	2491.03	3323.97
	0	2511.06	1938.01	2487.14	3333.34
	10	2532.32	1936.53	2491.48	3342.90
	30	2594.95	1953.39	2524.90	3362.65
θ	-30	3543.68	2773.76	3350.26	4482.19
	-10	2774.93	2155.25	2707.99	3629.84
	0	2511.06	1938.01	2487.14	3333.34
	10	2297.13	1759.44	2307.93	3091.44
	30	1971.39	1482.15	2034.79	2720.55
A	-30	2811.06	2238.01	2787.14	3033.34
	-10	2611.06	2038.01	2587.14	3233.34
	0	2511.06	1938.01	2487.14	3333.34
	10	2411.06	1838.01	2387.14	3433.34
	30	2211.06	1638.01	2187.14	3633.34
λ	-30	2723.14	2031.22	2408.48	3242.56
	-10	2577.80	1975.62	2457.42	3299.42
	0	2511.06	1938.01	2487.14	3333.34
	10	2448.54	1892.45	2520.59	3370.95
	30	2337.15	1772.52	2599.49	3457.37
ρ	-30	—	1970.05	2587.91	3504.66
	-10	—	1949.58	2521.63	3390.51
	0	—	1938.01	2487.14	3333.34
	10	—	1925.54	2451.70	3276.11
	30	—	1897.79	2377.85	3161.61